生き残りの
株入門の入門

あなたは投資家？　投機家？

矢口新［原作］
てらおかみちお［作画］

CONTENTS

■免責事項
この本で示してある方法や技術、指標が利益を生む、あるいは損失につながることなはい、と仮定してはなりません。過去の結果は必ずしも将来の結果を示すものではありません。この本の実例は教育的な目的でのみ用いられるものであり、売買の注文を勧めるものではありません。また投資を斡旋・推奨するものではありません。

こんにちは
お待ちしておりましたどうぞ

おじゃまします
ども
こんにちは
まだお若いようですが株歴は…
いえ…まだはじめたばかりなんですよ
たまたま50万円で初めて買った株がビギナーズラックで100万になったんです
それでこれから本格的に株の勉強をしてもっともっと儲けたいなって…

夢はネットトレードで1億円…ははは笑わないでくださいね
えぇと…あなたは…？
ワシは昨年リタイアしていまは年金生活をしておりますここんとこ投資成果がかんばしくないのでこのセミナーに…
私は主婦です主人に内緒で株をやってるんだけど思ったように利益があがらなくて…というより含み損をかかえちゃって…

チャ
皆さん こんにちは
お待たせ いたしました 本日 講師を務めさせて いただきます 宝多と申します
よろしく お願い します！

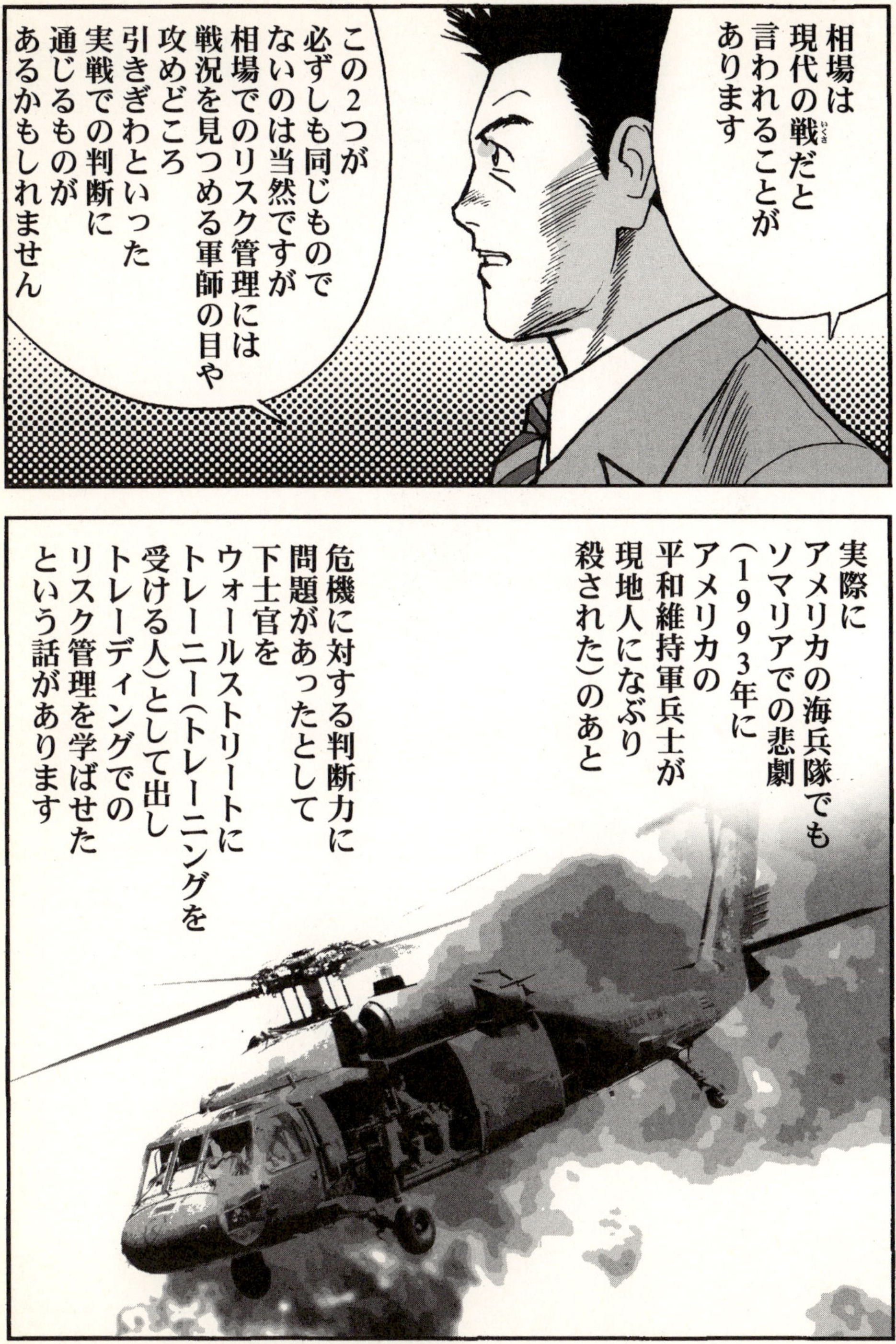
相場は現代の戦《いくさ》だと言われることがあります
この2つが必ずしも同じものでないのは当然ですが相場でのリスク管理には戦況を見つめる軍師の目や攻めどころ引きぎわといった実戦での判断に通じるものがあるかもしれません
実際にアメリカの海兵隊でもソマリアでの悲劇（1993年にアメリカの平和維持軍兵士が現地人になぶり殺された）のあと
危機に対する判断力に問題があったとして下士官をウォールストリートにトレーニー（トレーニングを受ける人）として出しトレーディングでのリスク管理を学ばせたという話があります

「敵を知り己を知れば百戦危うからず」という言葉を聞いたことがあると思います
知らねー
孫子の兵法
知っておるぞ
孫子の兵法じゃな
孫子の兵法にある言葉で「敵を知らずとも己を十分に理解すれば勝ち目も十分にあり己を知らなくても敵を知っていれば勝ち目は少なからずある
どちらも知らなければ勝敗は天に任せるしかないと続きます
これを資金運用の現場に置き換えると敵とは相場の動きにあたり己とは自分自身にあたります
敵＝相場の動き
己＝自分自身
しかし自分の性格や心理状態を分析するより前に知っておかなければならないことがあります

兵法での己が自己の戦力であるように相場での己は自己資金の性質です
己＝自己資金の性質
劣った戦力での奇襲はあくまで奇襲であり
奇襲でさえも成功するにはそれだけの条件が必要です
相場でも気力や技術がいかに卓越していようと資金の性質による制限を超えることはできないのです
孫子の兵法を資金運用の現場に当てはめると…
「相場を知らずとも自己資金の性質を十分に理解すれば勝ち目も十分にあり
自己資金の性質を曖昧にしたままでも相場を知っていれば勝ち目は少なからずある…
どちらも知らなければ勝敗は運に任せるしかない」となります

そして「相場を知り自己資金の性質を理解すれば百戦危うからず」という域に達することも十分に可能なのです
相場を知る
自己資金の性質を理解する
どちらも知らん!
えーい出たとこ勝負!
どーにかなるわい!!
どちらも知らなければ「勝敗は運に任せるしかない」となります
まずはその敵であるところの相場を知るところから始めてみましょう

1 構造的な要因と投機的な要因

ゆきさん いい機会だから こちらに来て 株式市場について 一緒に勉強しよう
はい
なにも わかりませんが ……
きょうは みなさまと一緒に 勉強させて ください
よろしく お願いします

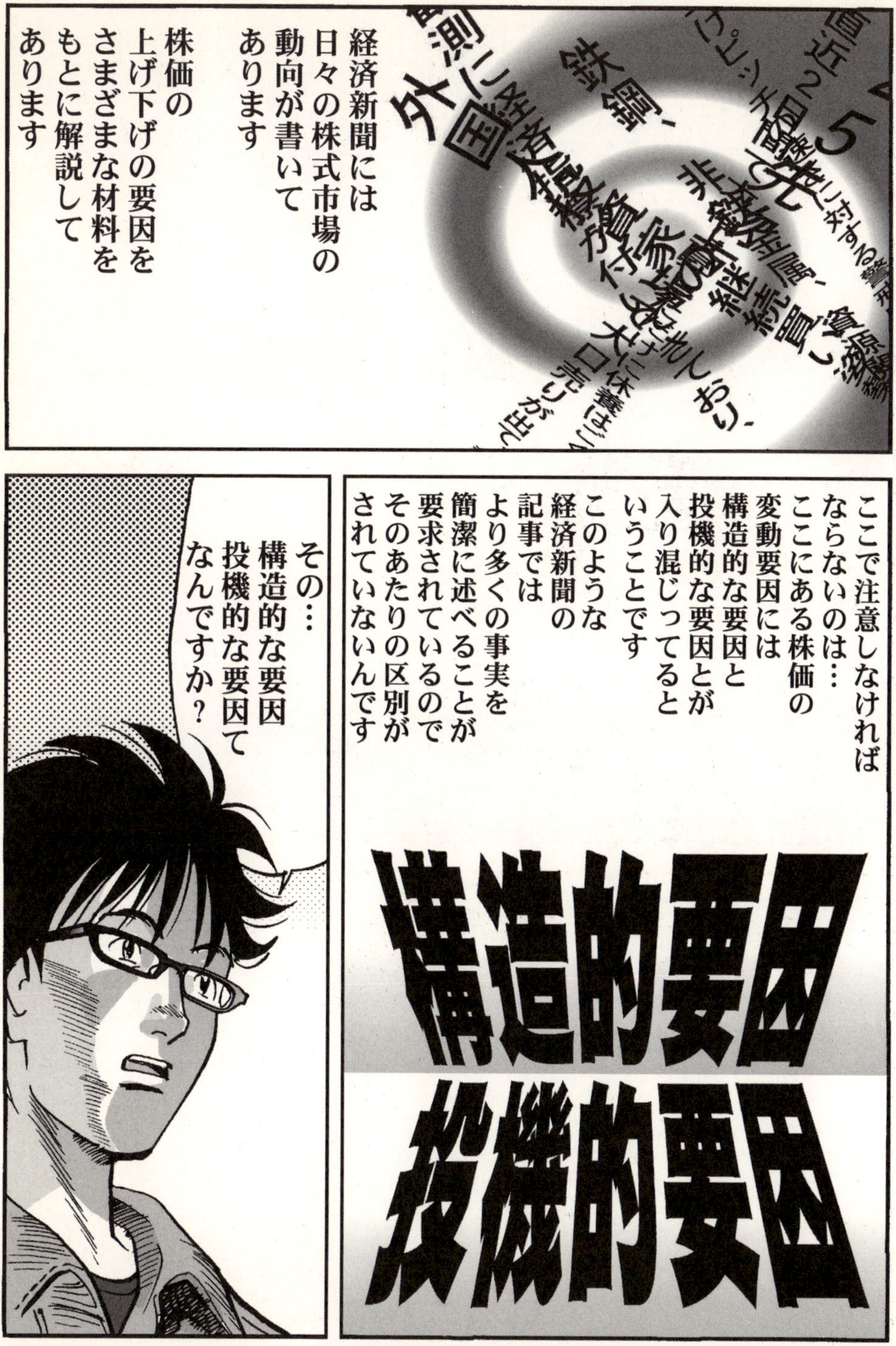
経済新聞には日々の株式市場の動向が書いてあります
株価の上げ下げの要因をさまざまな材料をもとに解説してあります
ここで注意しなければならないのは…ここにある株価の変動要因には構造的な要因と投機的な要因とが入り混じってるということです
このような経済新聞の記事ではより多くの事実を簡潔に述べることが要求されているのでそのあたりの区別がされていないんです
構造的要因
投機的要因
その…構造的な要因投機的な要因てなんですか?

構造的とは…そのものの本質に関わる要因
投機的とは…それを自分たちで勝手に解釈して売り買いの手がかりとしてしまう要因とでも言っておこうかな
実のところほとんどの市場参加者は構造的な「根っこの動き」と投機的な「上っ面の動き」との違いにあまり関心を持っていないんだ
根っこの動き
上っ面の動き
でも将来の株価を予測するうえで「将来にも影響を与える要因」と「目先の材料」とを区別して理解することが重要なのは明らかでしょ？
構造的な要因とはなんなのかを説明するためにこの記事にある6つの要因を詳しく分析してみよう

1前日の米国市場、ことに店頭株式市場（ナスダック）
総合指数の下落に大きな影響を受けていること

2日米ハイテク企業の業績鈍化観測が強まっていること

3年初来の安値水準を下回ったことで
株式相場は下値の目安を見失った状態に陥っている
いっぽう米国株式相場も再び下値模索の様相を
強めていること

4政局の不透明感を嫌気する空気

5②③④により、株式市場には投資家の弱気心理が
証券会社自己売買部門の売りに加え、一部の事業会社や
銀行などからも損失覚悟の売り注文が広がった模様

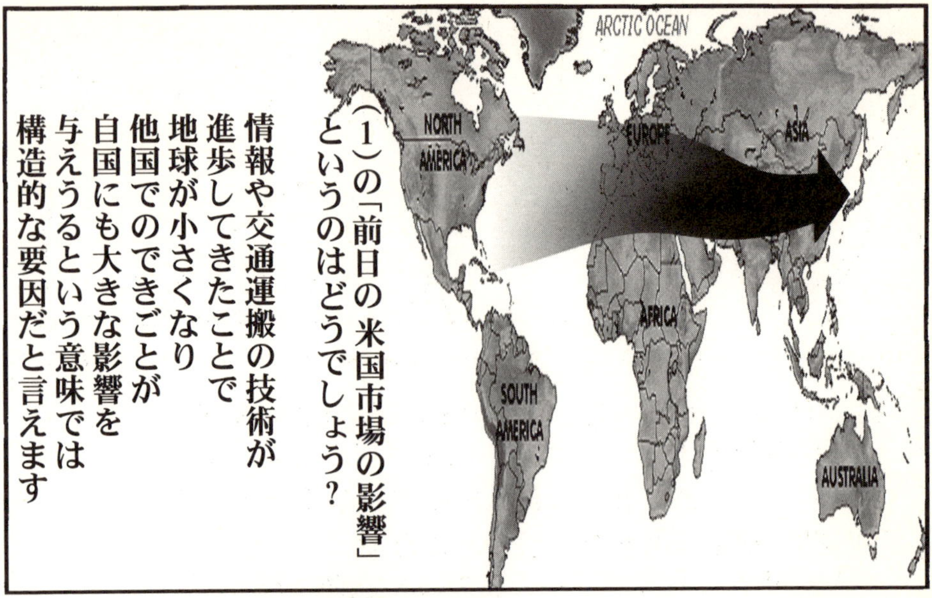
ARCTIC OCEAN
NORTH AMERICA
EUROPE
ASIA
AFRICA
SOUTH AMERICA
AUSTRALIA
(1)の「前日の米国市場の影響」というのはどうでしょう?
情報や交通運搬の技術が進歩してきたことで地球が小さくなり他国でのできごとが自国にも大きな影響を与えうるという意味では構造的な要因だと言えます

例えばアメリカによる中東諸国への軍事干渉などは日本のあずかり知らぬできごとかもしれないけど それによる原油価格の上昇は日本経済に深刻な影響を与えるでしょう?
戦費負担の肩代わりなどをさせられれば思わぬ出費ともなります

原油で言えば
中東原油の枯渇
などといった材料は
日本経済の
「将来にも影響を与える」
という意味で
構造的な要因です

でも同じ「前日の
米国市場の影響」
であっても…

昨日のナスダックの下落が
今日の日本株の下落に
結びつくというのは
目先の材料…
投機的な要因だと
言っていいでしょう

だから日によって
日本株の動きと
ナスダックの動きは
連動しません

（2）の「日米ハイテク
企業の業績鈍化観測」は
基本的に構造的です

構造的

**日米ハイテク企業の
業績鈍化観測**

投下した資本が
どれくらいの
リターンを生むか
ということは
実業も含めた
投資の本質に関わる
要因だと言えます

株価が企業業績を反映するのは当たり前のことです…にもかかわらずあえて基本的にと断りを入れたのは
業績予想を勝手に織り込んで売り買いする場合は…投機的になってしまうからです
ましてや目先の材料に注目して業績予想を立てるのでは砂上に楼閣を築くようなものです
その材料が一時的なものだとすればいかに緻密な予想を立てても前提となった土台が簡単に崩れてしまうアナリストの予測などでもよくありますよ
それにどんなに優れた企業の株式であっても買われすぎるといつかは売られる

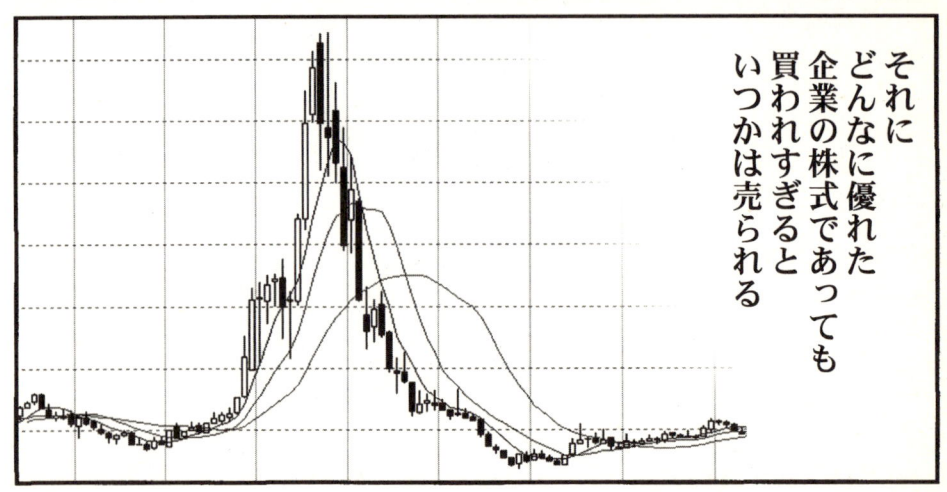

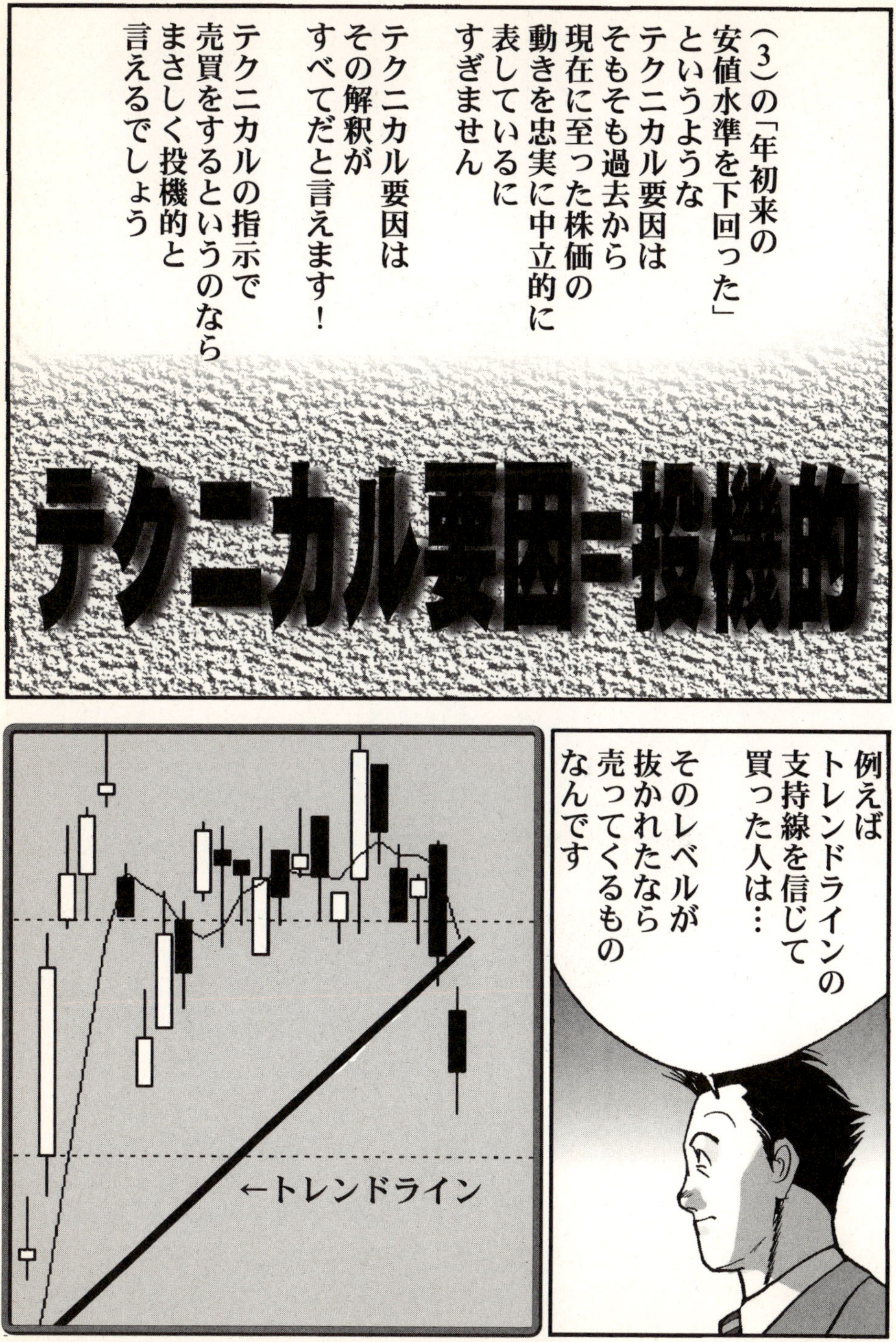
(3)の「年初来の安値水準を下回った」というようなテクニカル要因はそもそも過去から現在に至った株価の動きを忠実に中立的に表しているにすぎません
テクニカル要因はその解釈がすべてだと言えます！
テクニカルの指示で売買をするというのならまさしく投機的と言えるでしょう
テクニカル要因＝投機的
例えばトレンドラインの支持線を信じて買った人は…
そのレベルが抜かれたなら売ってくるものなんです
←トレンドライン

すみません
どういうことか
わからないいんですけど
私もちょっと…
そうですか…
例えば
ローソク足
というチャートを
知ってますか？
ワシは
だいたい知ってる
つもりです
ボクも一応
本を読んだので…
じゃあ
知ってる方は
おさらいのつもりで
聞いてください

この1本の
ローソクのようなものは
ある期間の
寄り値・引け値と
高値・安値を
表しています

これは日足といって
株価の1日の動きを
表しています

白っぽく見えている
ローソクは
寄り値より
引け値が高い日…
つまり
上げ相場の日なんです

黒いのは
寄り値より
引け値が安い日…
つまり
下げ相場の日です
おわかりですね

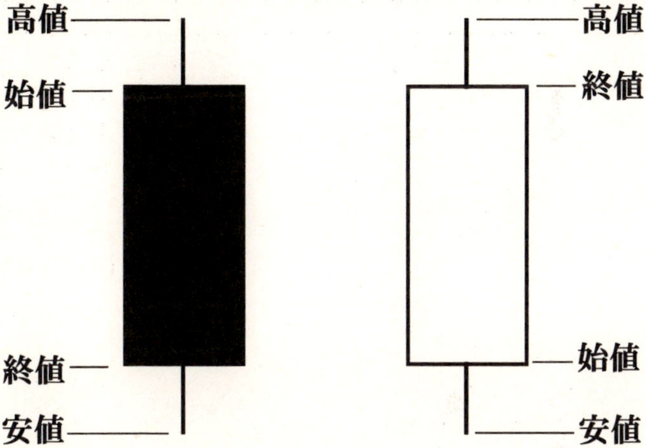

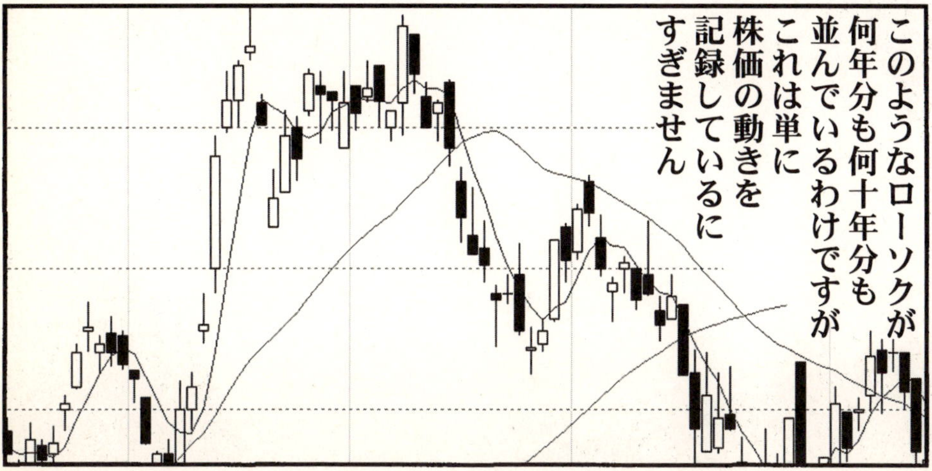

このようなローソクが
何年分も何十年分も
並んでいるわけですが
これは単に
株価の動きを
記録しているに
すぎません

この1本のローソクの
形や色…
いくつかの
ローソクの並び方などに
意味を見いだして
次の動きを予測するのが
チャート分析…つまり
テクニカル分析です

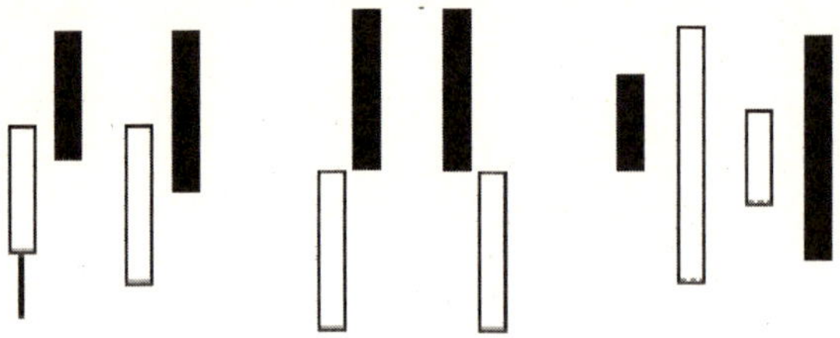

ローソク足以外にも
さまざまな形で
値動きを図式化した
ものがあります

そういった
チャート分析は
テクニカル分析に
含まれます

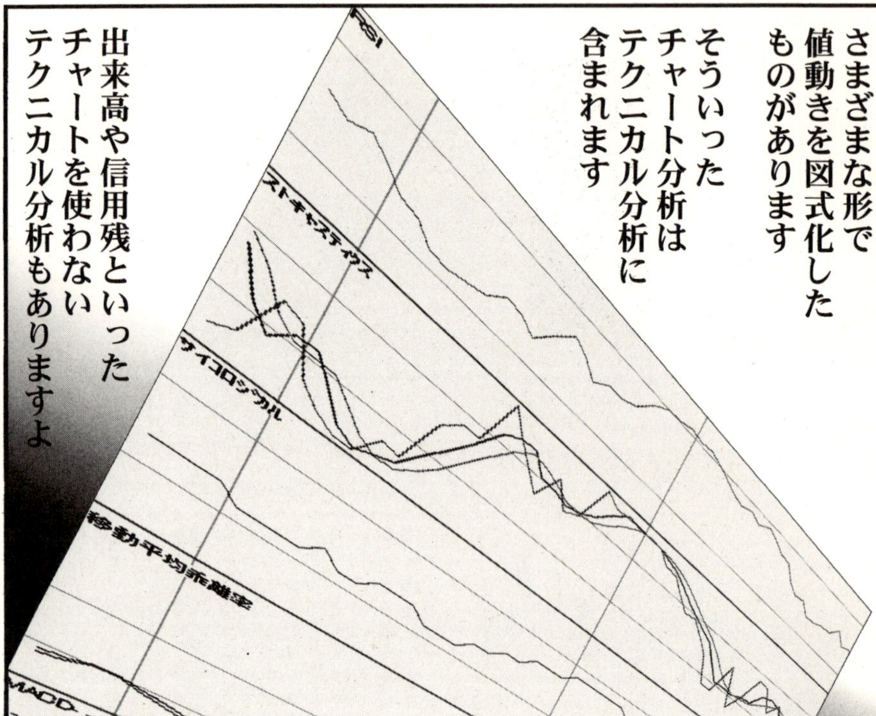

出来高や信用残といった
チャートを使わない
テクニカル分析もありますよ

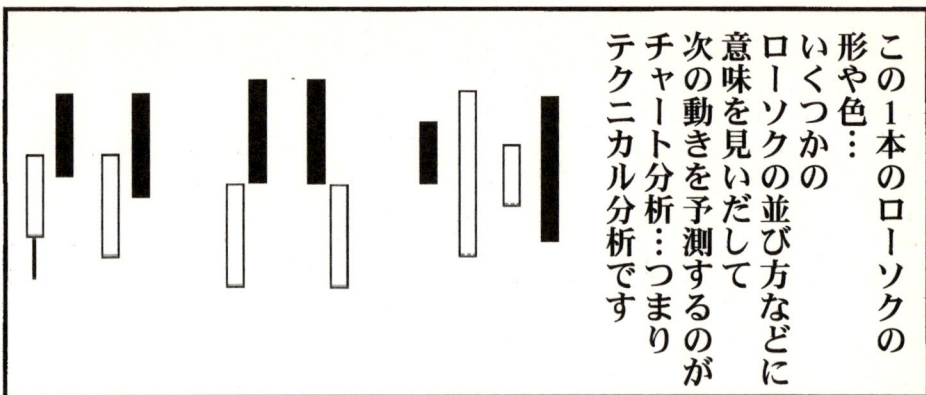

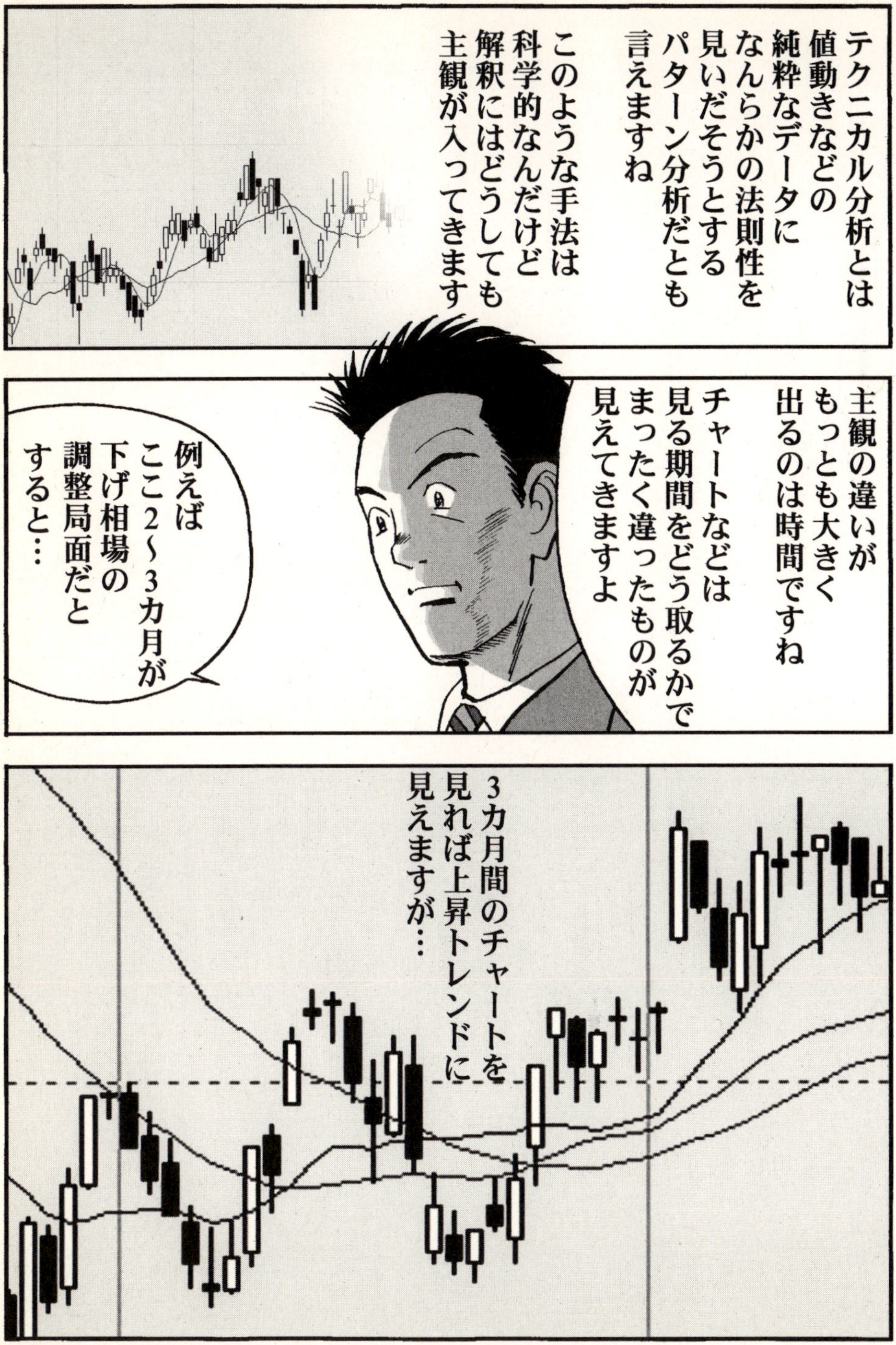
テクニカル分析とは値動きなどの純粋なデータになんらかの法則性を見いだそうとするパターン分析だとも言えますね
このような手法は科学的なんだけど解釈にはどうしても主観が入ってきます
主観の違いがもっとも大きく出るのは時間ですねチャートなどは見る期間をどう取るかでまったく違ったものが見えてきますよ
例えばここ2~3カ月が下げ相場の調整局面だとすると…
3カ月間のチャートを見れば上昇トレンドに見えますが…

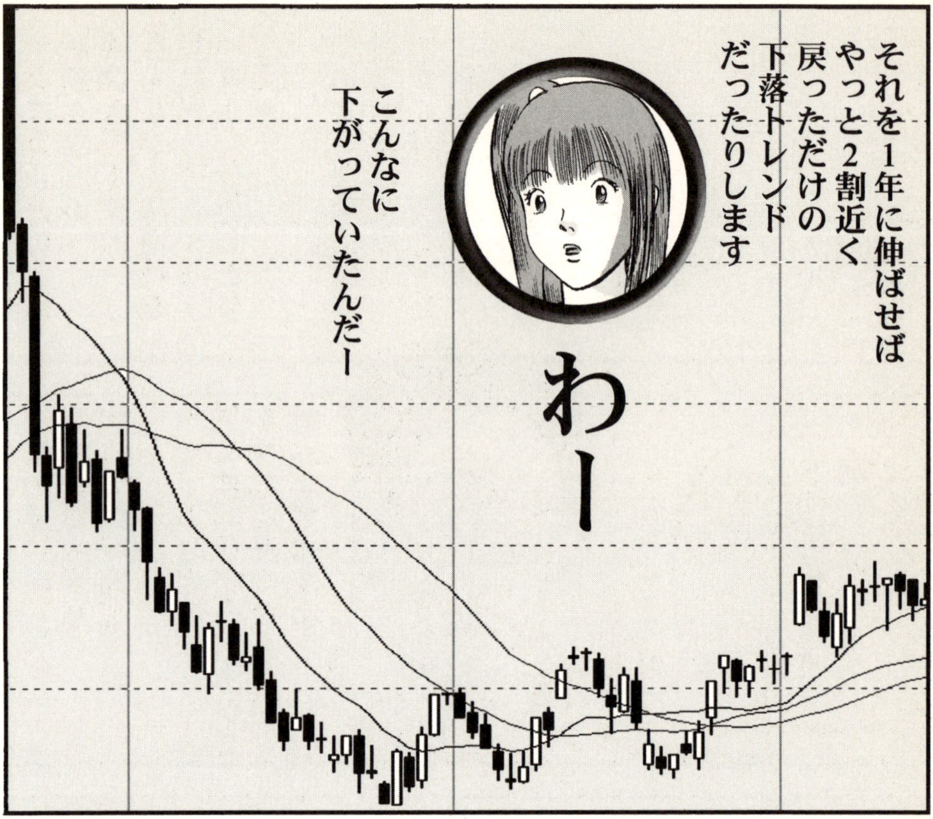
それを1年に伸ばせばやっと2割近く戻っただけの下落トレンドだったりします
わー
こんなに下がっていたんだー

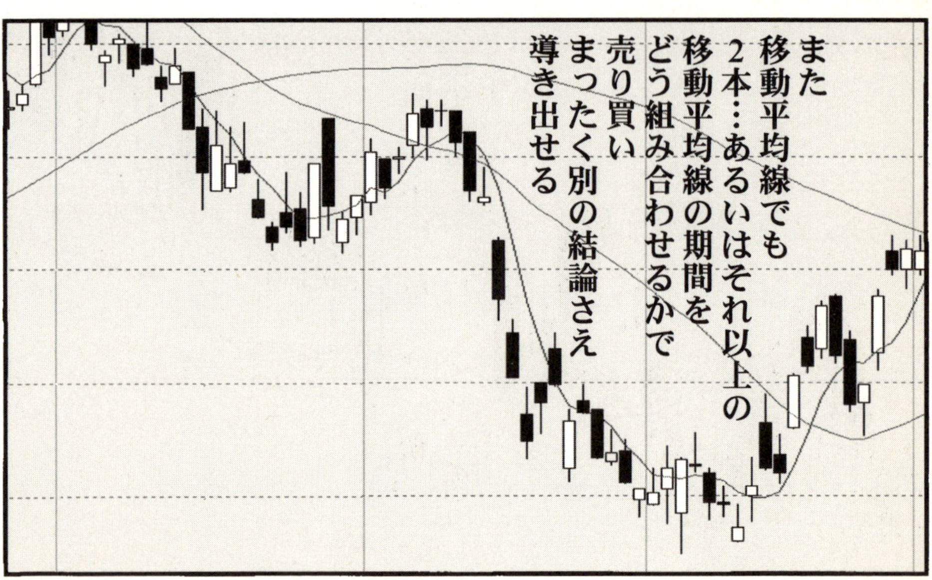
また移動平均線でも2本…あるいはそれ以上の移動平均線の期間をどう組み合わせるかで売り買いまったく別の結論さえ導き出せる

半値戻しというのは
上げ下げしたものが
50％の水準まで
戻ることですが…
起点にする
安値・高値が変われば
違うものが
見えてきます

トレンドライン
というのは
相場が
上昇トレンドなのか
下降トレンドなのか
トレンド模索中の
保ち合いなのかを
チャートに
いろいろ線を引いて
探っていくものなんです

下値を結んだ線が
切り上がっていれば
上昇トレンドと言い
その線を支持線と
言いますが…

どの下値を結ぶかで
違って見えてきます

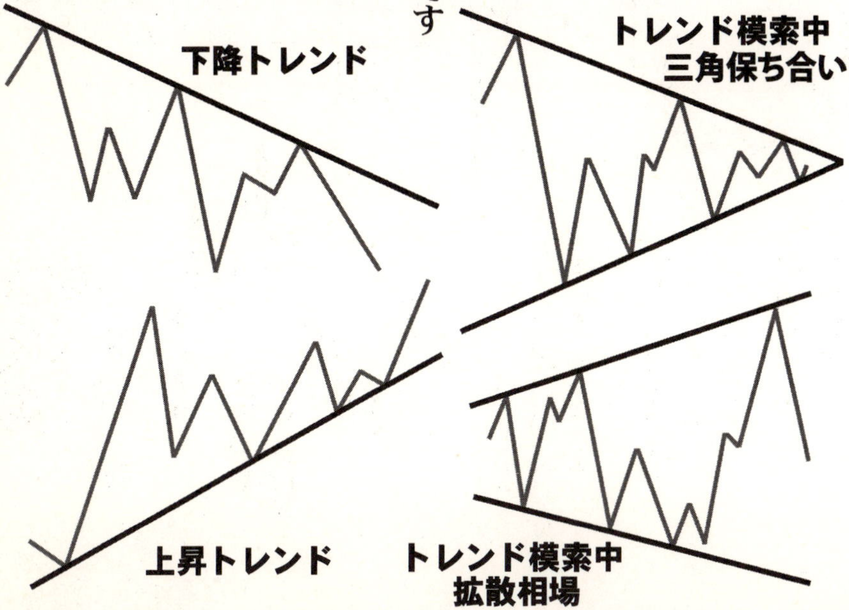

うーん
それでは
テクニカル分析など
あまり意味がないん
じゃないですか？
そうだね
まったく相場経験の
ない人には
無意味かもしれないね
…テクニカルを
使いこなすには
経験がいるんですよ
その経験則から出てきた
一般的な解釈では
安値が抜けたら
売ってみる…
半値まで下がれば
買い戻すけれど
抜けてしまったら
また売る…
支持線では買うけれど
抜けたら倍返しなどと
いうことになる
←前の安値
支持線を
下に抜ける
今日の場合のような
年初来の安値を
下回ることも
テクニカルでは
売りサインの
1つなんです
前の安値というのは
テクニカル上の
支持レベルとなるからね

ちょっと本題からそれるのでテクニカルの説明はこんなところでいいですか？
うーんなんとなくわかったようなわからないような…どうですか？
ワシは…わかってるつもりなんだが…ははは…
私はチンプンカンプンまあいいわ
(4)の「政局」要因も基本的には構造的です例えば政治家が決める税率の変更などは…金融商品の魅力を高めることもできれば紙くず同然に変えてしまうこともできます！

その税率である限り将来に亙っても影響を与え続けるといった構造的な要因だといえます
しかしここでも現政権の株価対策は効果的か…いつ承認されるのか…
この新聞記事にあるように漠然と政局の不透明感を嫌気してなどといったことは投機的な目先の材料として使うことができます
⑤の『投資家心理』『株式市場の弱気心理』はセンチメントを構造的に利用するなどといったこねくり回した解釈を除けば目先の材料の最たるものです
ただし目先の動きが構造的な要因をある程度動かすこともあります

センチメント？
市場心理のことです 株式市場はこのセンチメントで大きく動く傾向があるんだよ
たとえば相場は美人投票だと言い切る人もいるくらいです
このときミス相場を当てるには自分が美人だと思う人に投票するのではなくみんなが美人だと思う人を予想して投票するんです
やっぱり選ばれるのはこの子かな…
みんなこの子に投票するだろうなあ… ボクもそうしよう
万人ウケするのはこの子か…
ぼくは別の子がいいんだけどみんなはたぶんこの子を選ぶ
好みと違うけどこの子に決まるな

(6)の「証券会社自己売買部門の売りに加え一部の事業会社や銀行などからも損失覚悟の売り」というのは実際に誰が売っているのかといった分析ですね
自己売買部門って…よく聞きますがどんなところなんですか？
証券会社や銀行が自己資金を使って市場で売買する部門のことを言いますディーラーとも言ってとても激しく売買を繰り返します
買い！
売り！
売り！
買い！
証券会社の売りというのはほとんどの場合が投機的で目先の材料にすぎません

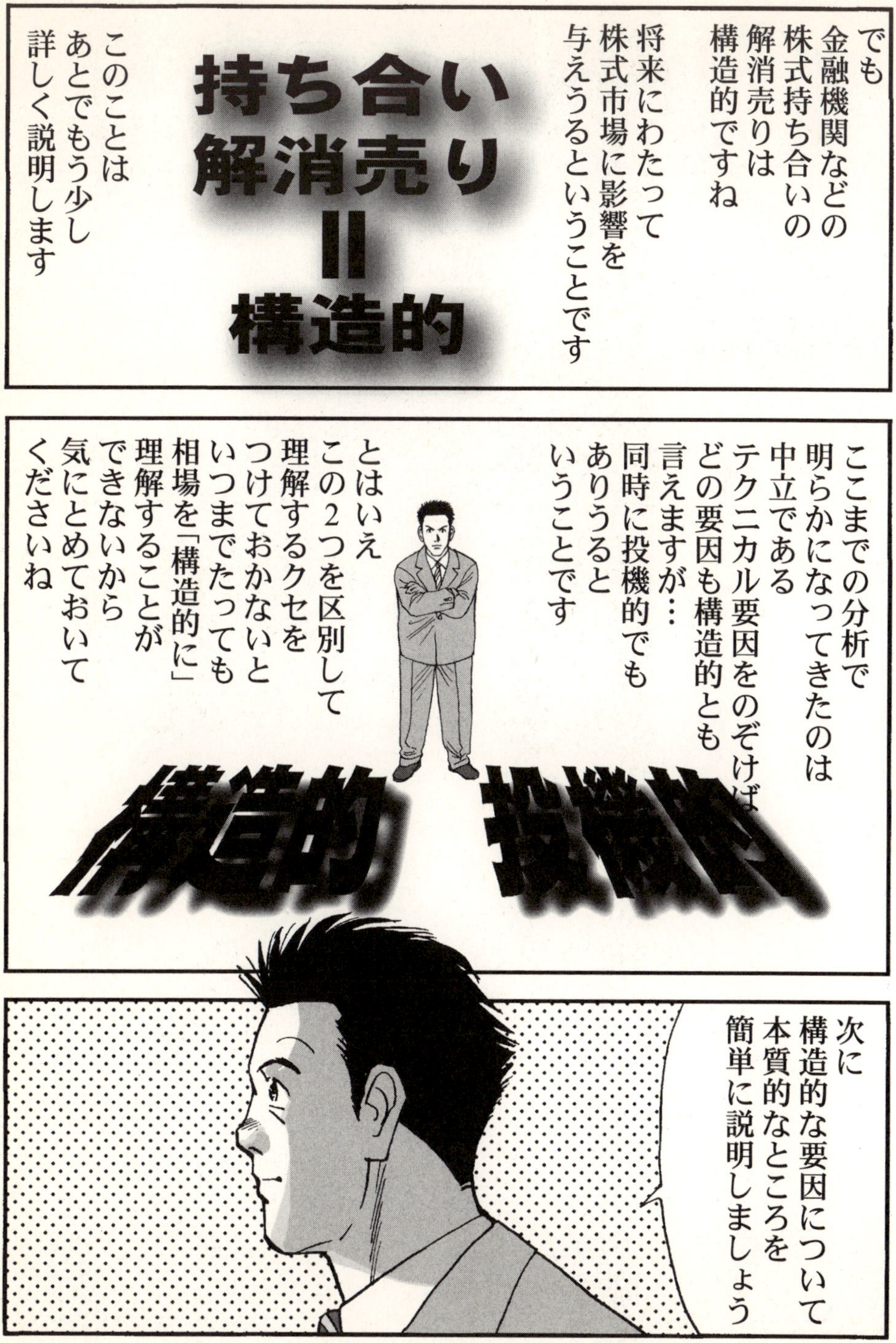
でも金融機関などの株式持ち合いの解消売りは構造的ですね
将来にわたって株式市場に影響を与えうるということです
持ち合い解消売り＝構造的
このことはあとでもう少し詳しく説明します
ここまでの分析で明らかになってきたのは中立であるテクニカル要因をのぞけばどの要因も構造的とも言えますが…
同時に投機的でもありうるということです
とはいえこの2つを区別して理解するクセをつけておかないといつまでたっても相場を「構造的に」理解することができないから気にとめておいてくださいね
構造的
投機的
次に構造的な要因について本質的なところを簡単に説明しましょう

2 相場を動かす構造的な要因

市場での出合いは
売り買いが
1対1の関係で
成り立っています
売
1:1
買

売り一色などと呼ばれる
相場つきであっても
出合いがある限り
必ず売り手に
見合った数の
買い手がいます
どんなに
売りたい人が多くても
買い手がいないと
出合いは成立しない

市場での売り手と買い手とは必ず1対1の関係にあります
このことをまず頭に入れて次の質問を考えてみてください
質問：ある日の金融市場で1件の出合いがありましたここにたった1つの条件を与えて相場を動かしてください
B
VS
S
BUY
SELL
その市場というのは株式市場でいいんですか？
株式でも為替でも債券でもなんでもいいですよ

たった1つの条件ですか？
そうたった1つで動くんです！
この項目のうちのどれかですか？

(A)…前日の米国市場、ことに店頭株式市場（ナスダック）総合指数の下落に大きな影響を受けていること
(B)…日米ハイテク企業の業績鈍化観測が強まっていること
(C)…年初来の安値水準を下回ったことで、株式相場は下値の目安を見失った状態に陥っている一方､米国株式相場も再び下値模索の様相を強めていること
(D)…政局の不透明感を嫌気する空気
(E)…(A)(B)(C)により、株式市場には投資家の弱気心理が改めて広がっていること
(F)…証券会社自己売買部門の売りに加え一部の事業会社や銀行などからも損失覚悟の売り注文が広がった模様

(A)…前日の米国市
響を受けている
総合指数の下
化観測が強まって
(B)…日米ハイテク
たことで、
(C)…年初来の安値
失った状態に陥っ
株式相場は下値
の様相を強
一方､米国株式相
(D)…政局の不
の弱気心理が
(E)…
そうかもしれません
うーん
わからないなあ
そんなの
私にはさっぱり…
なんだろ…
私も
ぜーんぜん
わかりません

では一緒にやってみましょう
まず(A)の要因ナスダックを見てみましょう
(A)…前日の米国市場、ことに店頭株式市場（ナスダック)総合指数の下落に大きな影響を受けていること
金融市場とやらを日本株に限定したところでナスダックに連動して日本株が上がる保証はありませんよね
NASDAQ
ナスダック
別物
日本株市場
もともとナスダックと日本株市場とは別のものですから
政治や経済の背景が違う
金利も企業業績も違います
為替などはドル高すなわち円安とはまったく反対に作用します

すみません それって どういう 意味ですか？
ドル買い ← アメリカ市場信認 ← ナスダック上昇 ← 日本株上昇？
例えば… ドル買いの 材料があって アメリカ市場信認という 観点からナスダックが 上げたとします そのナスダックを見て 日本株が上がったとする… なんか変でしょ？
えーと よくわからないん ですけど
つまりね… ナスダックは 自国通貨のドル高で 上がった… でもドル高とは 円安のことだから 日本の自国通貨は 下がっている… 日本市場が信認された わけではないのに 買うのは変でしょ

円安
日本の輸出にはプラス
ドル高
米国の輸出にはマイナス
もちろん円安になれば輸出が伸びるとか日本株にプラスの要因はあるけれど逆に言うとドル高はアメリカの輸出にとってマイナスだということでもあるんです
すなわち自国通貨の強弱は日米の株価にまったく逆の作用をしているんです
そうかぁ そう言われれば同じように反応するのは変ですね
なるほど… そうですね

材料出尽くし
次に(B)の要因を見てみましょう
皆さん材料出つくしという言葉は知ってますか？

(B)…日米ハイテク企業の業績鈍化観測が強まっていること

それは知ってます
つまりいくら良い材料でも株価がそれを織り込んでしまったらもう上がらない…というか逆に売られるということですよね

そのとおりです！
つまりどんなに企業業績の数字を良くしてみても株価が常に上昇するとは限らない
好決算？
材料出尽くし
織り込み済みだよ
わかってないね
これもダメですね

(C)も同じです
不人気の内閣が
交代しようが
議会が解散しようが…
それで相場が
どちらかに動くとは
断定できません

**(C)…年初来の安値水準を下回ったことで、
株式相場は下値の目安を見失った状態に陥っている
一方､米国株式相場も再び下値模索の様相を強めていること**

同様に(D)(E)(F)の要因を
どういじくっても
相場に方向性を与える
ことはできません

では…
何が答えなんですか
さっぱりわかりません

(D)…政局の不透明感を嫌気する空気
**(E)…(A)(B)(C)により、株式市場には投資家の弱気心理が
改めて広がっていること**
**(F)…証券会社自己売買部門の売りに加え一部の事業会社や
銀行などからも損失覚悟の売り注文が広がった模様**

質問の答えは…もし相場を上げたければ「買い手は売り手よりポジションを長く保有する」
この1つの条件を与えるだけで相場は上昇するんです
えぇ?ポジションを長く保有する…が答えなんですか?
ポジションっていうのはわかりますか?
ロングポジションとかショートポジションとかいうものですよね
そうロングポジションとは買い持ちのことつまり買ったものをまだ持っている状態

ショートはその逆で売ったものを買い戻していない状態です
売ったものを買い戻していない…ということはつまり空売りをしているということですね
そうです
そのロングポジションを長く保有すると相場が上がるんですか？
そう売り手より買い手が長く保有すると価格は上がります
価格は上昇
S:売り手
1日だけ保有
B:買い手
1年間保有
質問：
ある日の金融市場で１件の出合いがありました
ここにたったひとつの条件を与えて相場を動かしてください
買い手は売り手よりポジションを長く保有する
相場を上げたい場合　売りたい場合はその逆

もう少し詳しく説明しましょう
1年間保有できる
買い手
売り手
1日だけしか保有できない
買い手が1年間保有できるのに対して売り手の誰もが1日(1晩)だけしか保有できない市場があるとします
そこで1つの出合いがありました。ここでは買い手と売り手とは同値で同じ量のポジションを保有していることになりますね
ショート
売り手
ロング
買い手
買い手はロングで売り手はショートというわけです
買い手は買ったままの状態売り手も同じく売ったままの状態
いまここであげた条件だけではその日の市場に動きはないと言えます

でも翌日には売り手は与えられた条件「1日しか持てない」によって必ず買い戻しを迫られることになりますショートカバーですね
売り手
ショートカバー
ショートカバー…
つまり売りポジションを買い戻し決済することです
そのショートカバーに付き合った売り手にもやはり同じ条件がはめられる…
すなわち新たな売り手も翌日には材料や相場観がどうであれショートカバーをせざるをえないんです
新たな売り手も
ショートカバー

ここでは
与えられた条件によって
市場には毎日
切実な買い手が
現れることになります
翌日に買い戻し
売
買い
買
当然
売り手は
いやいや
付き合うことになり
その売り手も
翌日には
買い戻さねば
なりません
皆さん
わかりますか？
当初の出合いは
たった1件なのに
この条件下では
価格は限りなく
上昇するんです

ぽかん
さっぱり…
そんなものは机上の空論にすぎないと思いますか？
うーん実際はどうなんだろう…
じゃあ実際の相場に当てはめてみましょうか

バブル崩壊後の日本株の大きな売り圧力となってきたのは持ち合い株の解消売りなんです
持ち合い解消売り
ぐ…こ…こいつがあるから上がらない…
バブル期など日本株が強いと言われた頃の1つの大きな根拠であった株式の持ち合い構造がバブル後に反転しました
株式の持ち合いというのは…？
えーと。。。
株式の持ち合いとはグループ企業の結束を固めほかからの買収を防ぎ経営陣を安定させる目的でお互いの株式を買い支え合っていた構造です
これで買収されないね
株券
株券

では
その持ち合い構造の
解消で売られた株式を
買っているのは
誰でしょうか？
買っているのが
持ち合いのように長く
ポジションを
保有する人であれば
単に保有者の名前が
変わっただけで
株価の下落はない
といって
いいでしょう

つまり三井グループで
持っていたものを
住友グループの
誰かが買ったところで
三井住友グループの
つながりが深まるだけで
株価に与える影響力は
同じなんです
株券
株券
グループ企業
グループ企業
でも
その買い手が
証券ディーラーのように
いやいや付き合って
買っていたり…
ウリ!
ウリ!
ウリ!
短期的な
サヤ抜き狙いだと
すぐに売ってくることに
なりますよね
すなわち
いまの例で述べた
売り一色と
いったような状態が
出現してしまう
売

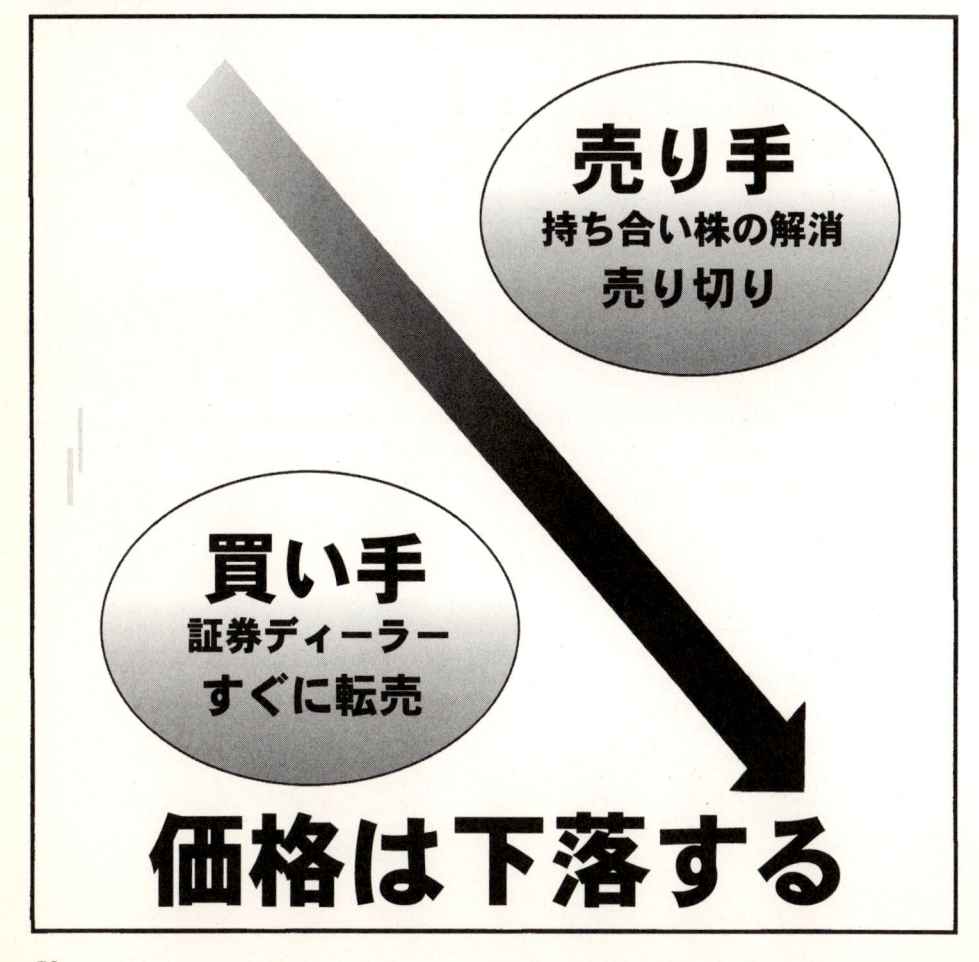

株価が上がれば利食い売りが下がれば損切り売りが出て株価が上がっても下がっても結局売りが出てきてしまうんです
利確！
ウリ！
ウリ！

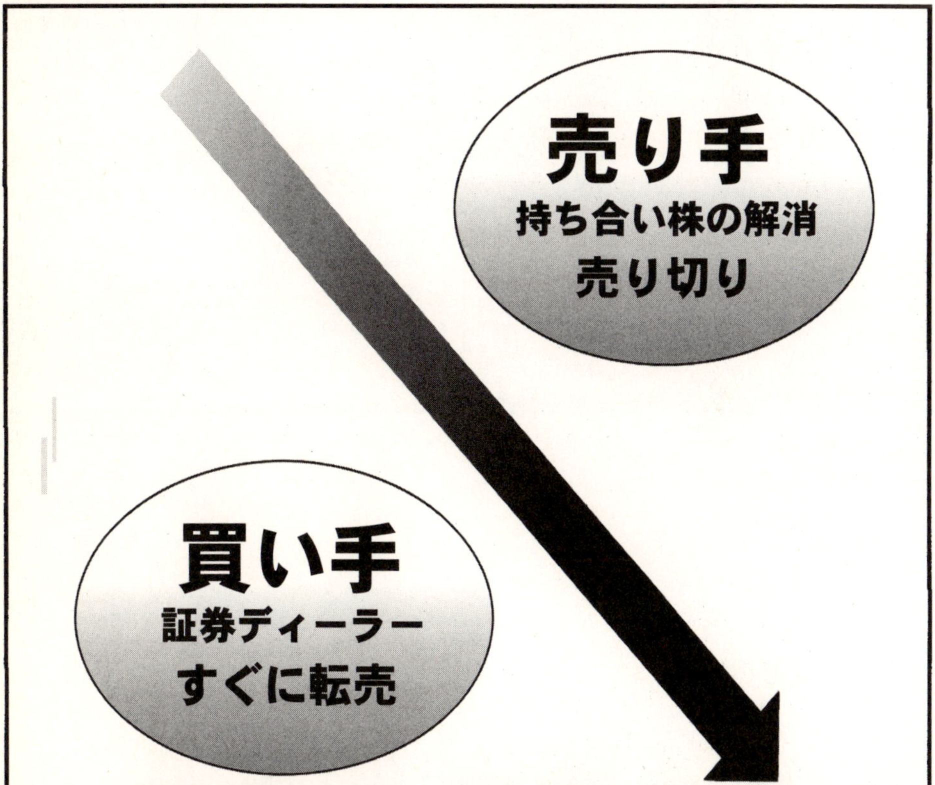
売り手
持ち合い株の解消
売り切り
買い手
証券ディーラー
すぐに転売
価格は下落する

持ち合い株の解消売りは構造的な要因と言えます
売らないよー
株券
長期投資
そういった売り圧力に対抗できるのは同じように長く保有する買い手だけなんです

持ち合いによって必要以上に発行されてしまった株はどこかで吸収される必要があるんです
浮動株を吸収します
例えば自社株買いは持ち合いによる株式過大発行以前の状態に戻すようなものですね

金庫株にはＲＯＥ押し上げの効果などはないけど売り圧力吸収には効果がある…
株券

売り圧力
年金
年金基金による買いも十分に長く保有するのだから売り圧力を吸収できると言えます
あの…金庫株というのは…？
金庫株とは企業が自社の株式を買い戻して手元に置くことを言います
株券
ROEって？
ROEとはReturn onEquityの略で株主資本利益率とも言います
Return On Equity
あは株主資本てなんですか？
なーんにもわかんなーい

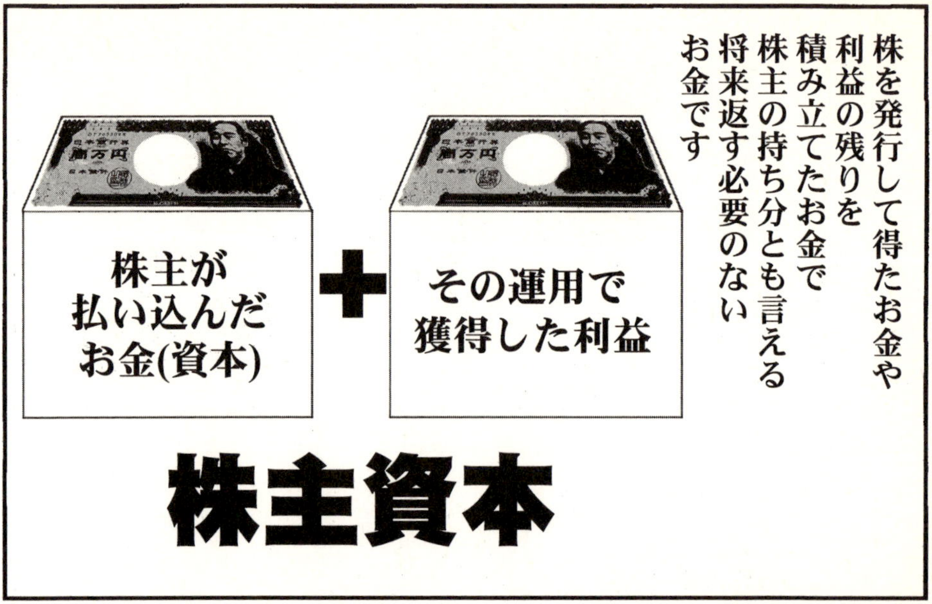
株を発行して得たお金や
利益の残りを
積み立てたお金で
株主の持ち分とも言える
将来返す必要のない
お金です
株主が
払い込んだ
お金(資本)
+
その運用で
獲得した利益
株主資本

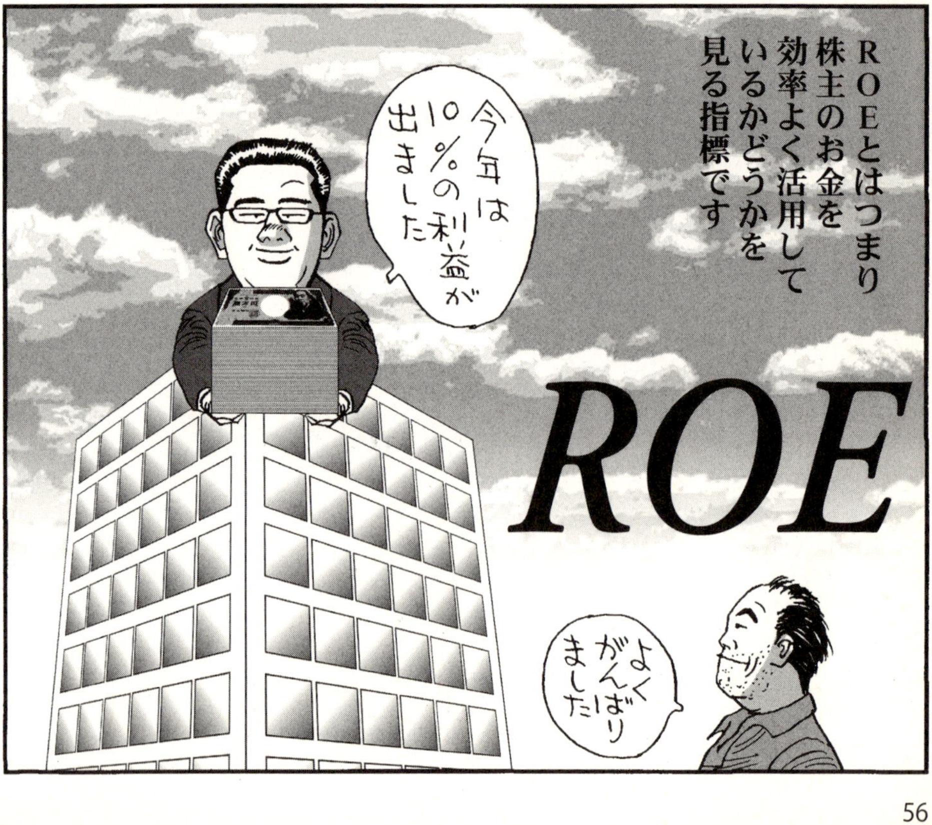
ROEとはつまり
株主のお金を
効率よく活用して
いるかどうかを
見る指標です
今年は
10%の利益が
出ました
ROE
よく
がんばり
ました

3 投資と投機

投資
これまで構造的な要因だとか投機的な要因だとか言ってきたけどそれでは皆さん投資と投機との違いがわかりますか？
投機
投資と投機の違い…？なんとなくわかるような気もするけど…
わからないですー

さまざまな人が
それぞれに定義して
いるようなんだけど
僕には資産の裏づけが
あるものを投資
価格のサヤ抜き狙いを
投機と定義するのが
一番ピンときますね
すなわち
手持ち資本の運用が投資
1円抜き
2円抜き
機（タイミング）に
なんらかの資金を
投じるのが投機

メモ1
投資：資本を投じるもの
投機：機（タイミング）に投じるもの

どこが違うん
ですか？

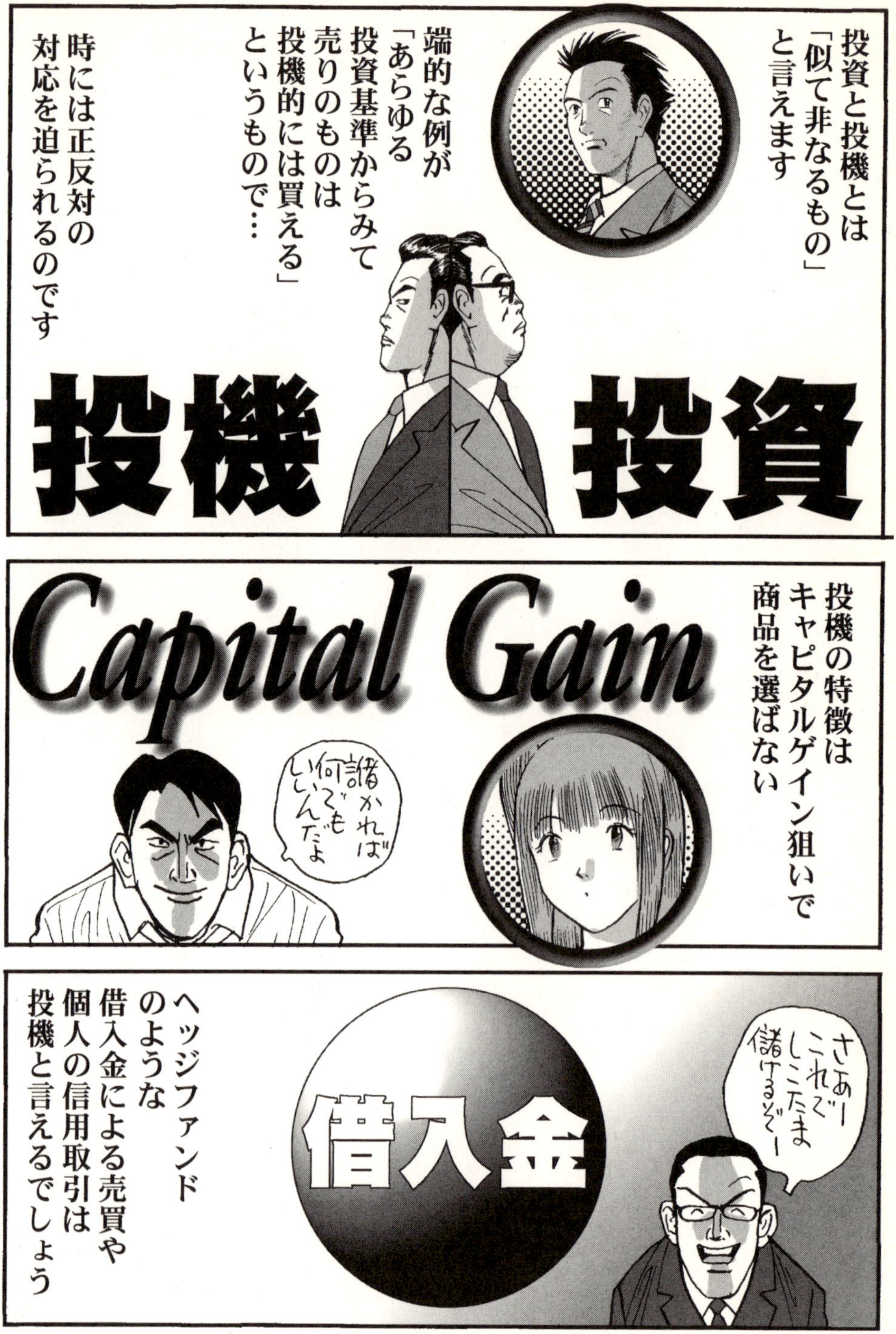
投資と投機とは「似て非なるもの」と言えます
端的な例が「あらゆる投資基準からみて売りのものは投機的には買える」というもので…
時には正反対の対応を迫られるのです
投資
投機
投機の特徴はキャピタルゲイン狙いで商品を選ばない
Capital Gain
儲かれば何でもいいんだよ
ヘッジファンドのような借入金による売買や個人の信用取引は投機と言えるでしょう
さあー これでしこたま儲けるぞー
借入金

一方の
投資の特徴は保有
あるいは売り切り・
買い切りだから
商品そのものに
需要があります
気長にいこーよ
長期間
寝かすことのできる
余裕資金による
運用は投資だと
みなせます
ヘッジファンドのような
借入金による売買…
というのは？
ヘッジファンド
というのは
投資信託と同じように
資金を預かって
運用している
ファンドのことですが…
借り入れを行ったりして
持っている資金の
何倍ものポジションを
持つことが多いんです
運用資金
自己資金

なるほど…そういうことですか…
メモ2
投資：保有　あるいは買い切り、売り切り
投機：キャピタルゲイン狙いの売買
売り戻し・買戻しが前提
皆さんは「売らなければならない人が売っている相場は弱いだが売らなくてもよい人まで売っている相場は反発する」なんて言われているのを聞いたことありますか？
売らなければならない人
どうしても売らなければ
売りで儲かりそうだ！
売らなくてもよい人
この場合の売らなければならない人が投資家で売らなくてもよいのに売っている人が投機家なんです

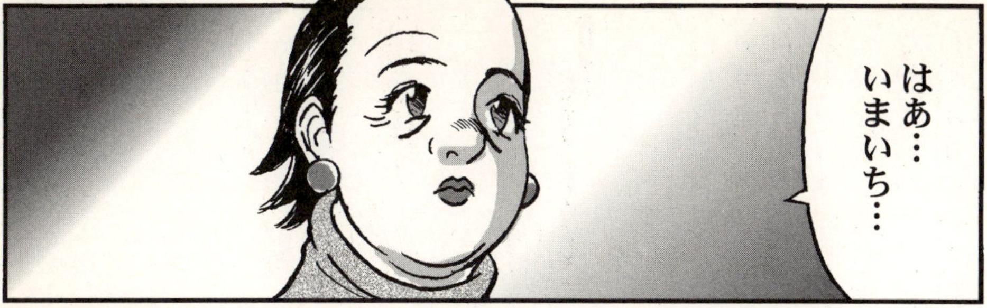
はあ…
いまいち…

メモ3
投資：余裕資金、手元資金、預かり資産の運用
投機：借入金、信用を利用した運用

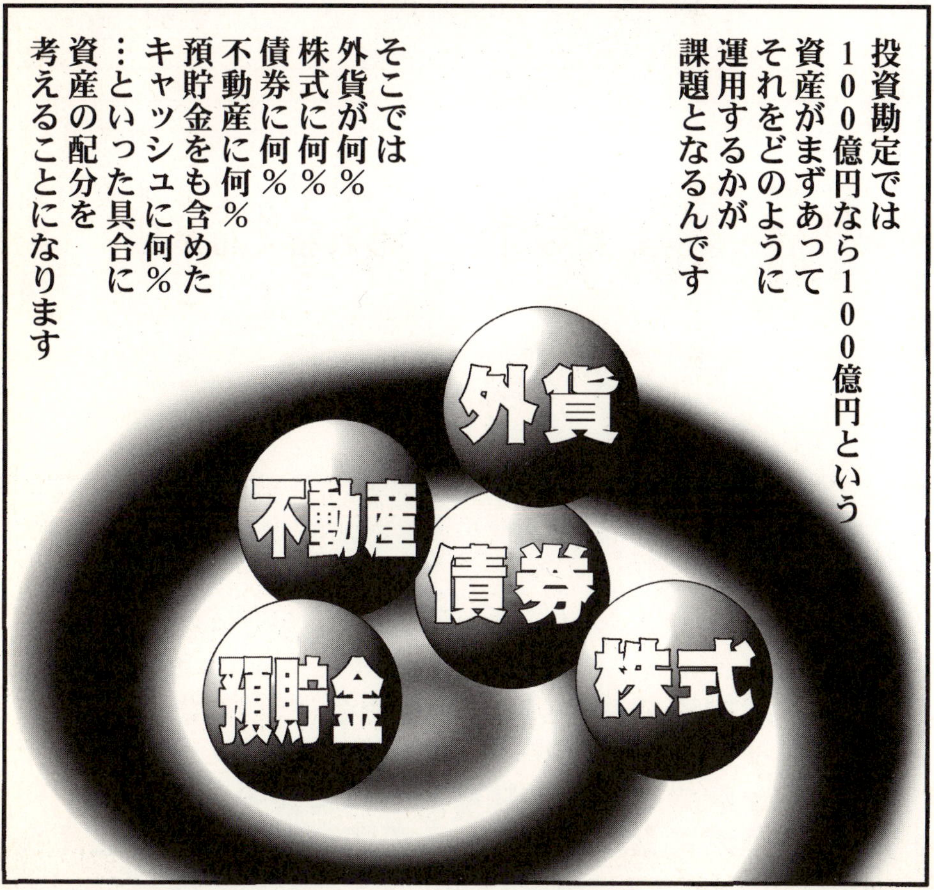
投資勘定では
１００億円なら１００億円という
資産がまずあって
それをどのように
運用するかが
課題となるんです
そこでは
外貨が何％
株式に何％
債券に何％
不動産に何％
預貯金をも含めた
キャッシュに何％
…といった具合に
資産の配分を
考えることになります
外貨
不動産
債券
株式
預貯金

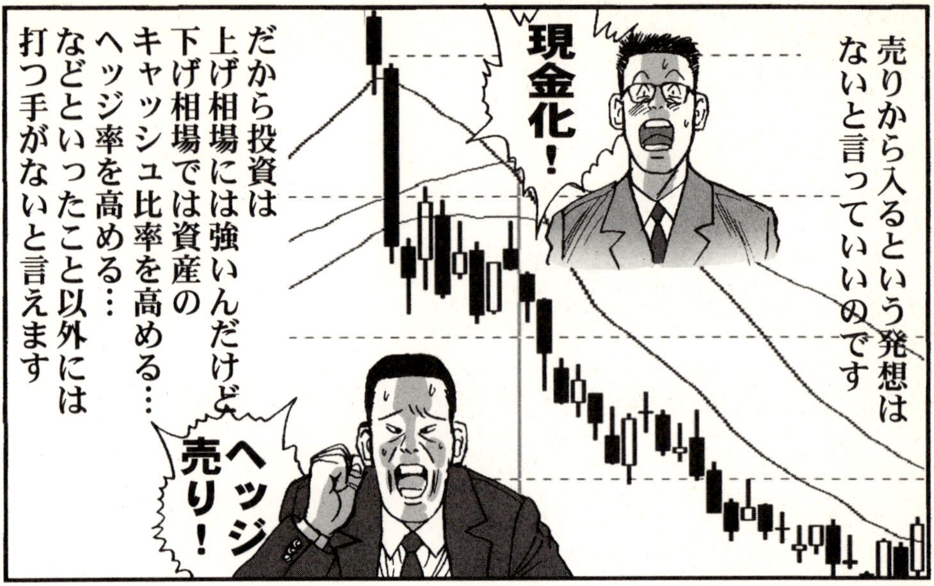
売りから入るという発想は
ないと言っていいのです
現金化！
ヘッジ
売り！
だから投資は
上げ相場には強いんだけど
下げ相場では資産の
キャッシュ比率を高める…
ヘッジ率を高める…
などといったこと以外には
打つ手がないと言えます

投資勘定での
株式の売りは
資産配分を株式から
キャッシュに移した
という見方もできます
株券

メモ4

投資：上げ相場には強いが、下げ相場では資産の
キャッシュ比率を高める
ヘッジ率を高めるなど以外に打つ手がない

投機：基本的に上げ下げどちらの方向にも収益を狙える

一方
投機勘定での買いは
売却益が狙いだから
いつか必ず
売られます
投機は必ず
反対売買される
同じように
売りはすべて
買い戻しが前提と
なっています
ロングは必ず売られ
ショートは必ず
買い戻される
ロング→売られる
ショート→買い戻される
はい
ここで復習
ロングショートとは
なんでしたっけ
ええと…
ロング…つまり
ロングポジションは
株を買って持っている
状態…

ショート…ショートポジションは空売りをしている状態でしたよね
もっと正確には
ロング…買い持ち
（売戻し前提付き）
ショート
売り持ち
（買戻し前提付き）
投機では価格が自分の思惑どおりに動けばいいわけだからどんなことでも材料にできます
動けば材料なんてなんだっていいんだ！
さっき言った構造的な要因でも投機的に使われるというのはそのためなんです

メモ5
投資：投資物件そのものを分析して投資判断とする
投機：なんでも材料にできる 時に材料は後からついてくる

投機筋って
悪い人なんでしょう？
悪い人って…
何を基準に善悪を
判断するのかは
わからないけど…
法律に背いていない
という点では投機筋は
悪い人ではありません
悪く
ないんです
かあ？

合法的だが
市場を操作し
混乱させているから
悪いという指摘も
必ずしも当たりません

僕が
この世界に入ったのは
92年ですが
入社後半年ほどで
ポンド危機というものが
起こったんです
£
ポンド危機

基本的には
後に起こったアジアの
通貨危機と同じで
投機筋が
悪者にされました
どちらも危機に至る
直前まではむしろ
当局に協力して
いたんですけどね
ワアアー
どういうこと
ですか？
当時の英ポンドは
ＥＭＳ（欧州の統一通貨
ユーロの前身）の
一通貨で
当然ＥＭＳに
リンクしていました
いまのポンドは
ユーロから独立した
通貨ですけどね
英ポンド
リンク
EMS

同じように
アジアの通貨は
米ドルにリンクして
いたんです
アジア通貨
リンク
米ドル
リンク？
リンクというのは
繋がっていると
いうことで…
ＥＭＳや米ドルに
連動してそれらの
通貨が動いていた
つまり
ポンドとほかの
ＥＭＳ通貨との間には
大きなレートの
変動はなく
アジア通貨と
米ドルとの間にも
大きな価格変動は
なかった

でも実際の
経済状態を反映した
資金の流れは
ポンド安・アジア通貨安に
つながるものでした
ポンド安
アジア通貨安
←
金利を上げる
ここでイギリスや
アジアの通貨当局は
金利を上げることで
その通貨を保有して
もらおうとしたんです
キャリートレードって
聞いたことありますか？
キャリートレード
し
り
ま
せん
ありませーん

キャリートレードというのは低金利で調達した資金を高金利で運用することなんですが
調達
運用
円で調達・ドルで運用というのがもっとも有名です
そんなことができるんですか？
簡単にできますよ
投機筋がドル円を買うつまりドル買い円売り（プロのディーラーはドル買い円売りを「ドル円を買う」と表現する同じようにポンド売り円買いを「ポンド円を売る」という表現をする）をすることは

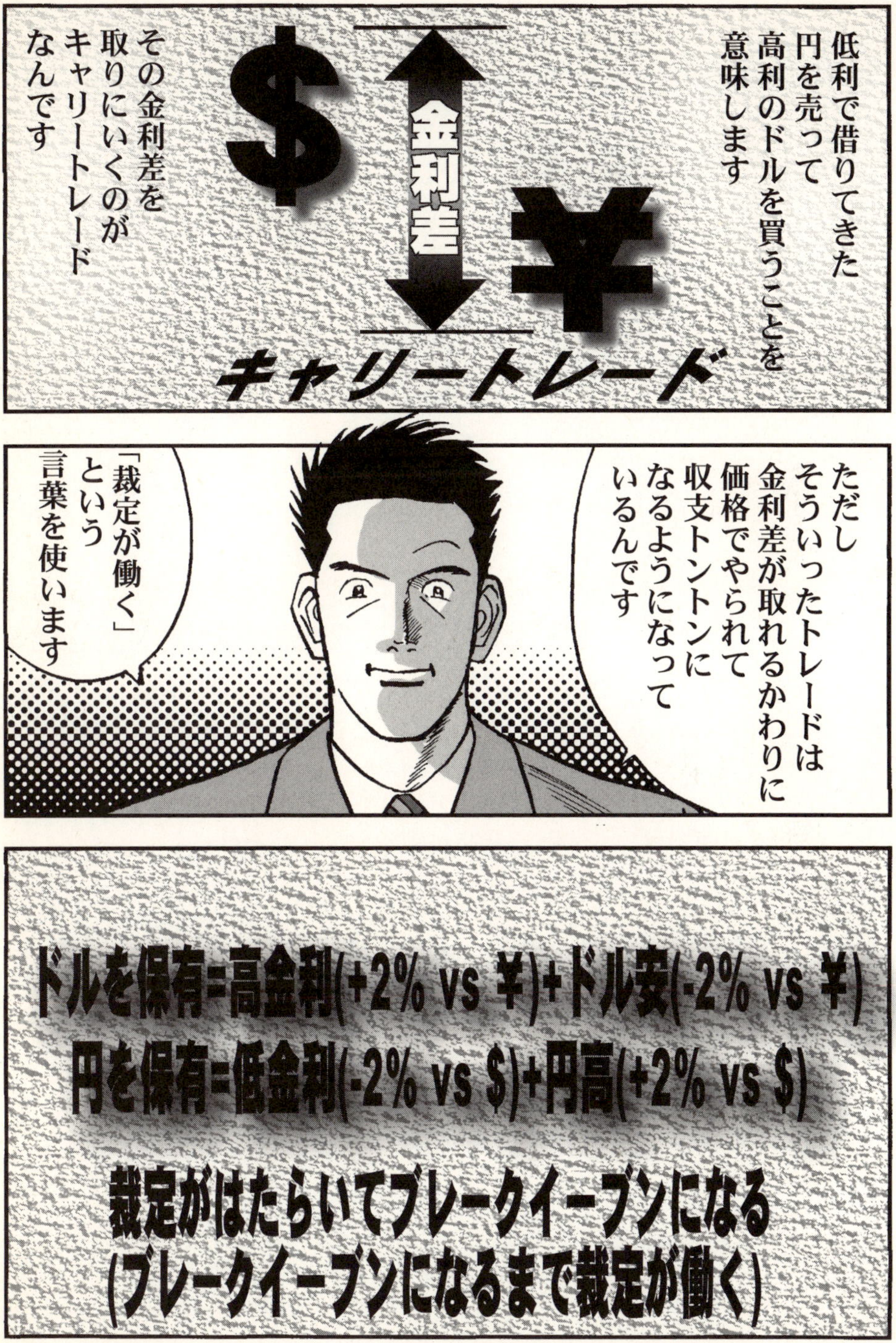
低利で借りてきた
円を売って
高利のドルを買うことを
意味します
$
金利差
¥
キャリートレード
その金利差を
取りにいくのが
キャリートレード
なんです
ただし
そういったトレードは
金利差が取れるかわりに
価格でやられて
収支トントンに
なるようになって
いるんです
「裁定が働く」
という
言葉を使います
ドルを保有=高金利(+2% vs ¥)+ドル安(-2% vs ¥)
円を保有=低金利(-2% vs $)+円高(+2% vs $)
裁定がはたらいてブレークイーブンになる
(ブレークイーブンになるまで裁定が働く)

それでは全然
儲かりませんよね
為替のフォワード
（先渡しレート）
というのはそれで
成り立っています
金利の高い通貨は
先渡しではちょうど
金利差分だけ
安くなります
でもこの時
安くならなかったら
どうなりますか？
もし
レートの変動が
なければ…

そうか…リンク通貨にはその通貨間のレートの変動がないから金利差をそのまま取れるんだ
そのとおりです
通貨当局が通貨を防衛するには誰かが買わないと下がってしまうんです
自分や仲間の通貨当局が直接に買う介入とほかの誰かに買ってもらう方法との2つしかない

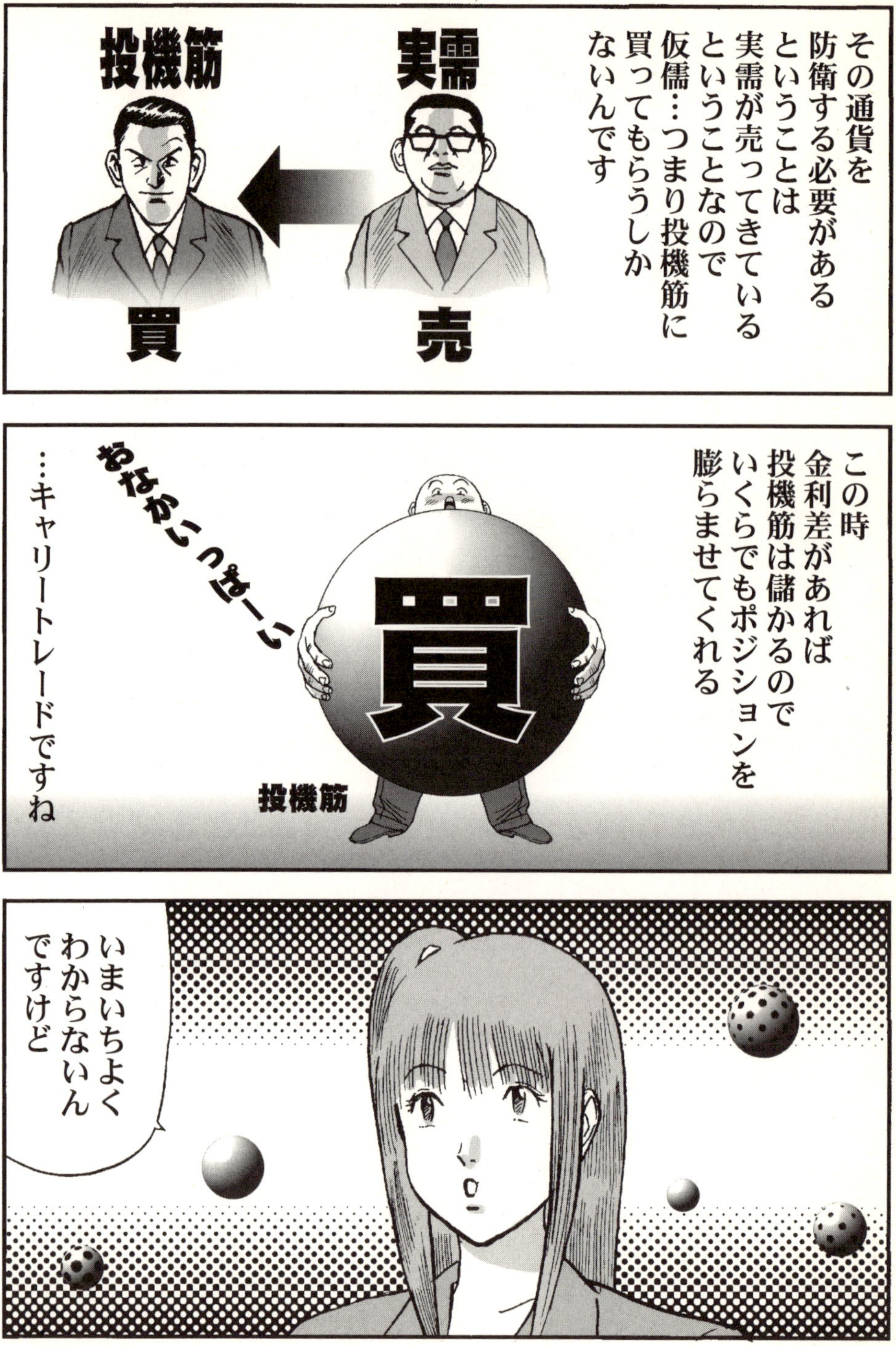
その通貨を防衛する必要があるということは実需が売ってきているということなので仮儒…つまり投機筋に買ってもらうしかないんです
実需
売
投機筋
買
この時金利差があれば投機筋は儲かるのでいくらでもポジションを膨らませてくれる
おなかいっぱーい
買
投機筋
…キャリートレードですね
いまいちよくわからないんですけど

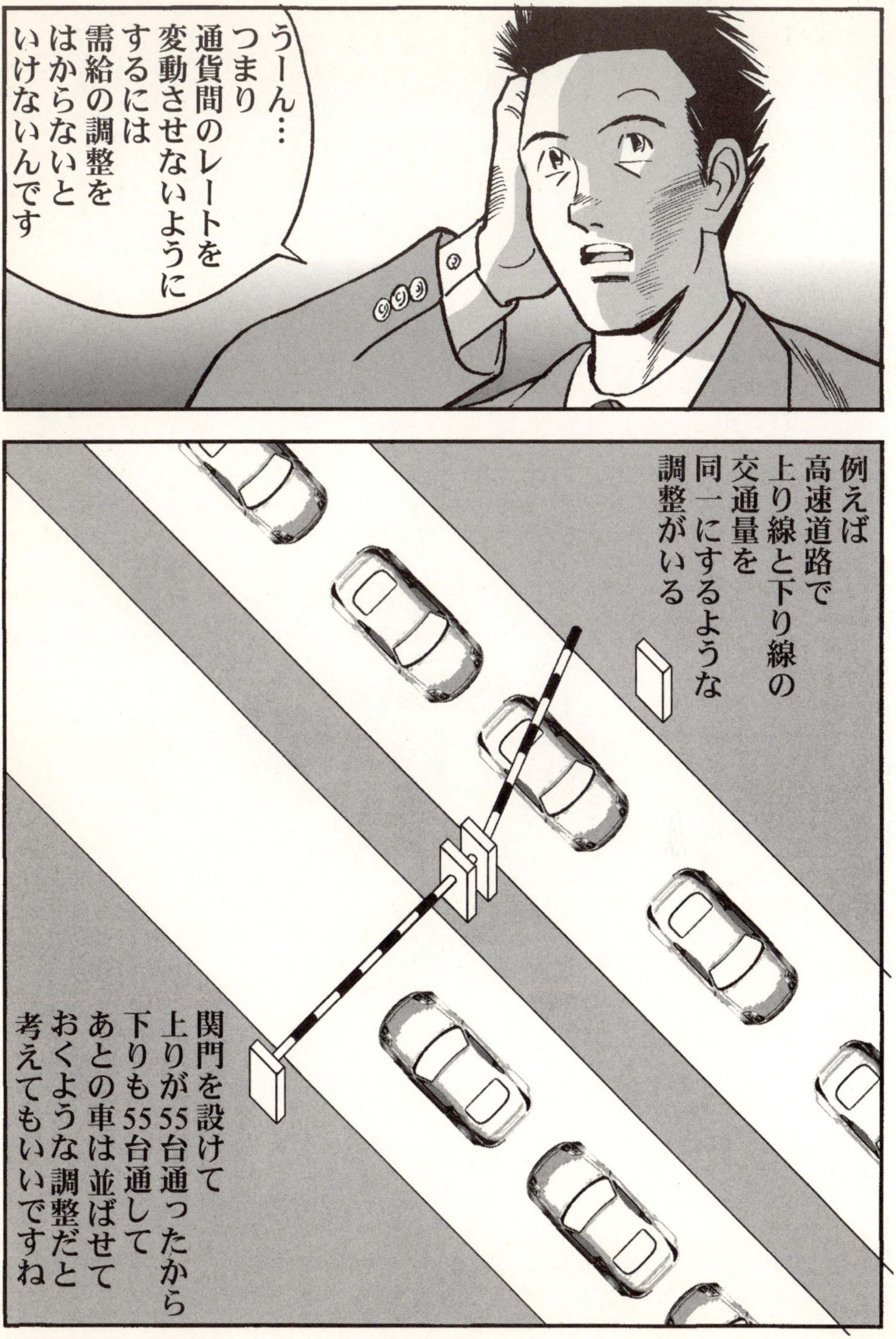
うーん…つまり通貨間のレートを変動させないようにするには需給の調整をはからないといけないんです
例えば高速道路で上り線と下り線の交通量を同一にするような調整がいる
関門を設けて上りが55台通ったから下りも55台通してあとの車は並ばせておくような調整だと考えてもいいですね

下りの車が増えてどうしても通らせないといけなくなると
上り
下り
需給バランスを取るために誰かに上り車線を走ってもらうことになります
下り＝実需
上り＝仮需
この場合の下りが実需で上りの多くは仮儒になるそもそも仮需には上り車線を走る必要はないのだから
こういった仮儒を呼びこむにはコストがかかるんです
例えばガソリン代を負担したり運転手に日当を払わねばならない

この支払いは下り車線を利用する実需から徴収することになります
すみませんが…
上りの車に日当を払わなければなりません下りの車から徴収します
同数の仮需に上りを走ってもらえないと実需は下りを走れないのだから…
上り（仮需）
金利を差し上げますので上りを走ってください
通貨の場合では仮儒である投機筋に金利を差し上げることになります
なるほど！
それで当局は金利を上げるわけですね？

そのとおり
その高金利負担は
実需の背景である
経済全体で背負う
ことになります
負債コストの
上昇です
あるいは
市場介入という形で
政府の車に
上り車線を走らせる
こともあります
政府の車
通りまーす
どんな形であっても
需給のバランスが
取れている限り
レートの変動は
防げることに
なります
上り斜線
このような
為替リンクや
固定レートが
機能するには
経済の規模に比べて
通貨の需給が小さい
必要があります
経済の
規模
通貨の需給が
小さい
通貨の需給

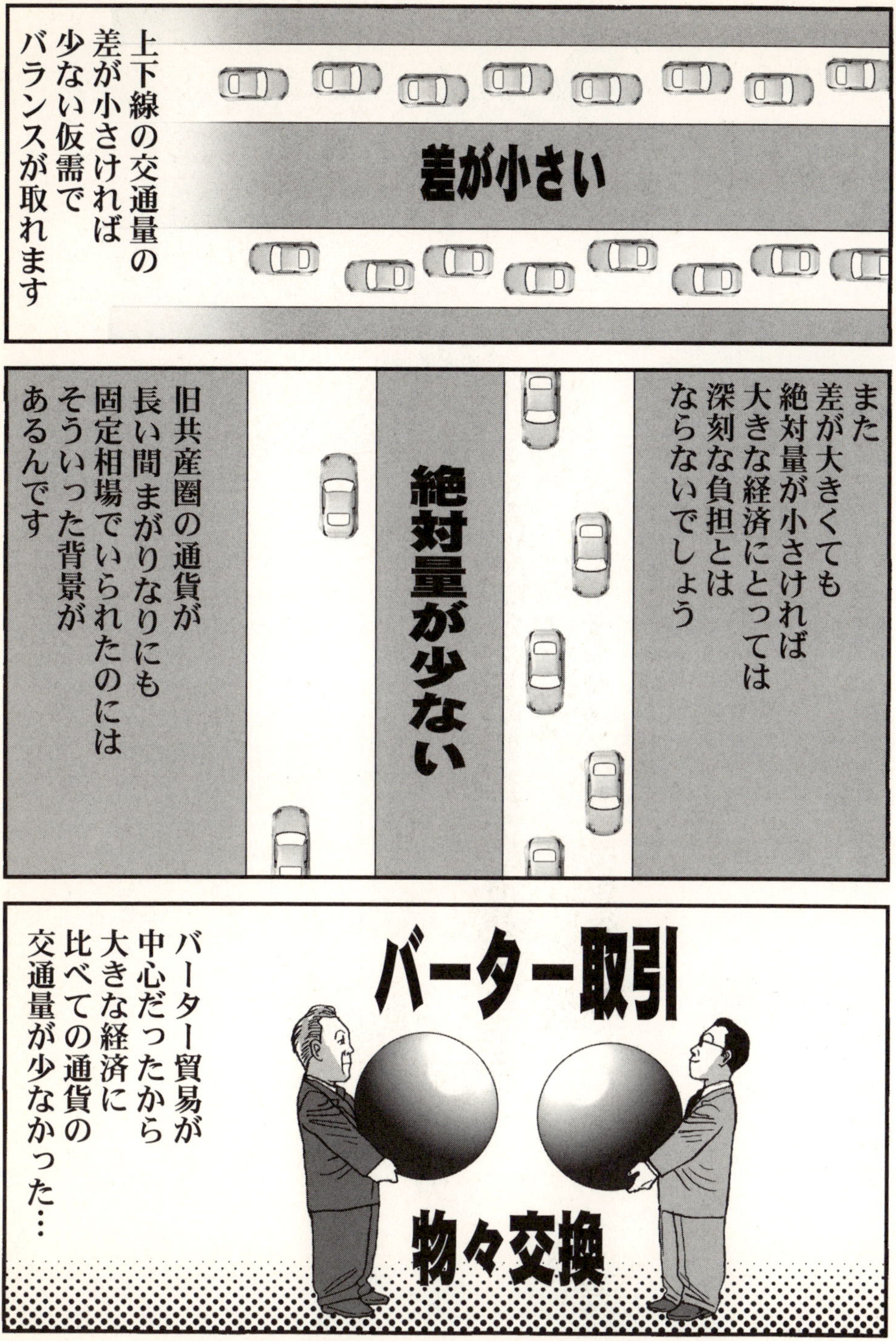
差が小さい
上下線の交通量の差が小さければ少ない仮需でバランスが取れます
また差が大きくても絶対量が小さければ大きな経済にとっては深刻な負担とはならないでしょう
絶対量が少ない
旧共産圏の通貨が長い間まがりなりにも固定相場でいられたのにはそういった背景があるんです
バーター取引
物々交換
バーター貿易が中心だったから大きな経済に比べての通貨の交通量が少なかった…

もっとも崩壊前の多くの共産圏の国では闇のレートが横行して交通量が少ないのは政府が作った道路だけという状態になっていたけど
政府レート
闇レート
闇レートのほうは需給を反映してその通貨安になっていましたね
技術の進歩による情報化の進展や経済のグローバル化の進展が共産圏の崩壊を促したように
通貨の交通量が膨大になり
また上下線の需給バランスが大きく崩れるといつまでも固定レートは保つことはできないと言えるでしょう

それでも現在の
中国の場合は
経常黒字や
中国投資という
元需要への対応…
外貨買い
元売り
すなわち
元買いに対する
元売り
外貨買い対応だから…
元は上げない!
中国
外貨準備を
増やすという形
すなわち
政府の車を
走らせる形で対応し
固定レートを
保っています
ただし
このまま同じ方向の
対応が続くと
中国の人々は
元高がもたらすはずの
豊かさを実感
することなく
いつまでも
労働コスト…
つまり
国際比較での
給与が低いままで
政府の外貨保有だけが
増えていきます
ムズカシイ…

でももっと困るのは逆方向への対応で…
元買い
外貨売り
仮に経常赤字になった時の元買い外貨売りという介入資金は
外貨保有がなくなった時点で底をつくことになります
介入資金がなくなった！
からっぽ
外貨
現状ではあまり考えなくていい仮定ですが要するに投機筋はキャリートレードを行うことで当局に協力していたんです
持ちつ持たれつといったとこかな

もっともどんなに金利を上げたところで力のない当局や弱腰の当局だといつ価格が下落するかもしれないので…
あんな通貨信用できん
撤退！
それほど大きなポジションは取れません
その点当時のイギリスやアジアの通貨当局は格好の相手でした
お腹いっぱーい
ことにポンドの場合はとんでもなく大きなポジションになっていたらしい
逆に言えばそうでもしなければポンドを支えることができなかったんでしょうね

でも当局はそれで通貨が防衛できるし投機筋は儲かるのだからどちらもハッピーなわけですね
しばらくの間はね…ただ防衛する必要があるということは実需が売っているということです
ウリ!
ウリ!
ウリ!
実需売り↓投機筋買い
買い持ち
その経済環境に変化がないとすれば実需は売り続けるその売りを受ける投機筋はどんどん買い持ちのポジションを膨らませないといけない

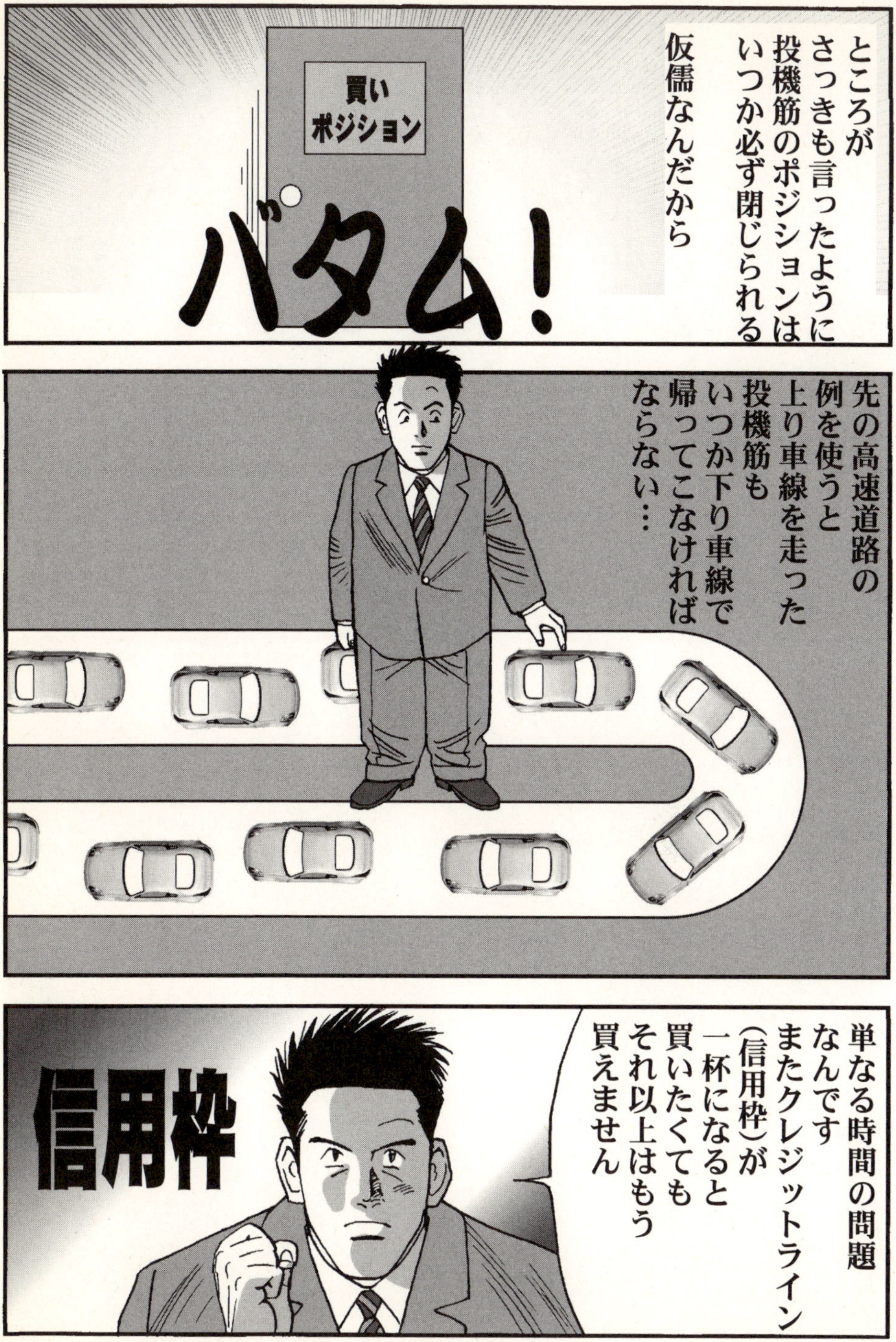
ところが
さっきも言ったように
投機筋のポジションは
いつか必ず閉じられる
仮儒なんだから
買い
ポジション
バタム!
先の高速道路の
例を使うと
上り車線を走った
投機筋も
いつか下り車線で
帰ってこなければ
ならない…
単なる時間の問題
なんです
またクレジットライン
(信用枠)が
一杯になると
買いたくても
それ以上はもう
買えません
信用枠

それでも実需は売ってくるんだからいずれは支えきれなくなりますよね
実需
実需は帰ってこなくていいんですか?
実需は行きっぱなしなんです
海外から買った家電はごみになってもその国に残るでしょ

食料品は消費され消化されてしまう
貿易が赤字である限り輸入のために通貨を売り続けるしかないのです
じゃあどうなるんですか？
実需の重みを支えきれないとなると…投機筋は売るしかありません
ウリ！
ウリ！
ウリ！
手のひらを返すようですがもともと切り下げないから安心しろと言っていたのは当局なのだから投機筋が買い持ちを売ったところで影響はないはずですよね

もっとも投機筋は多めに売って今度は売り持ちを作るんです
売り持ち
そっか…やっぱり投機筋は悪者ですね
ははは ゆきさんはなんとしてでも投機筋を悪者にしたいんだね
そういうわけじゃないんですけど

でも
もともと投機筋を
あてにした
通貨防衛が矛盾を
はらんでいるんです
通貨防衛当局
投機筋に協力してもらえばいいや
実需という
自然の流れに逆らって
仮儒をあてにした
恣意的な価格形成を
企てたのは通貨当局で
投機筋は
自分の利害にかなう間
協力している
だけなんです
投機筋は売りたい人に
相場観で買い向かい
買いたい人には
売り向かうのだから
市場に流動性を与えている
ぼくたちが市場流動性を与えているんです
だからこちらも儲けさせてもらいますよー
そのことの見返りに収益を
期待するのは当たり前でしょ？

失敗すれば損するのも自分なんだからむしろ通貨防衛に成功すれば自分の手柄失敗すれば投機筋のせいにする当局の方が無責任じゃないの?
投機筋に支払った金利差も実際に支払うのは国民なんだから…
流動性ってなんですか?
この場合は売りたい時に自由に売れる買いたい時に自由に買えるということを意味しています
いつでも売買できるから安心
ちなみに流動性リスクとはなかなか売れないとか安くしないと売れないというリスクです
市場参加者が少ないので売りたくても売れない!

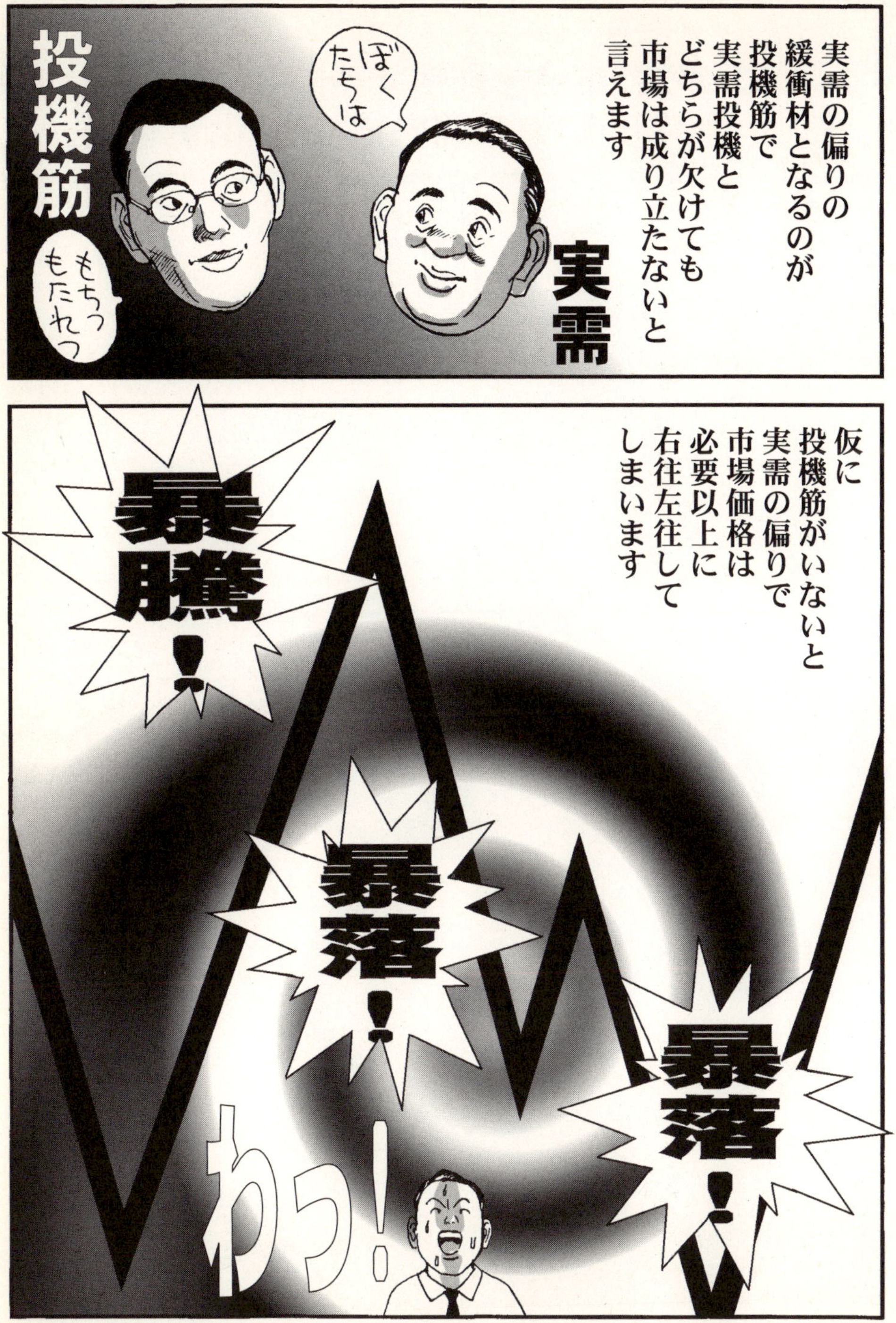
実需の偏りの
緩衝材となるのが
投機筋で
実需投機と
どちらが欠けても
市場は成り立たないと
言えます
実需
ぼくたちは
投機筋
もちつもたれつ
仮に
投機筋がいないと
実需の偏りで
市場価格は
必要以上に
右往左往して
しまいます
暴騰！
暴落！
暴落！
わっ！

メモ6
投資：市場を利用する
投機：市場（に流動性）を提供する

実需筋というのは投資家のことですか？
投資家は資産の裏づけがあるので実需筋だと言えますが…
投資家
そのほかにも株式や債券なら発行企業 商品相場なら商社や石油会社や鉱山会社 農産物を扱う会社 為替なら輸出入企業なども もちろん実需筋です
株式発行企業
商社
輸出入企業
債券発行企業
農産物取扱企業
石油会社
鉱山会社
実需筋

そうか
商品や通貨など
そのもの自体に
需要があるから…
実需で儲かるからと
参加!
撤退!
撤退!
一時的に
市場に参加するのが
仮儒…投機筋
というわけですね

そのとおり
その行動を見ると
売り切り・買い切り
あるいは
保有するのが
実需で…
キャピタルゲイン
狙いの売買が
投機です
したがって
投資家などの実需筋は
市場価格に構造的な
影響を与えるけれど

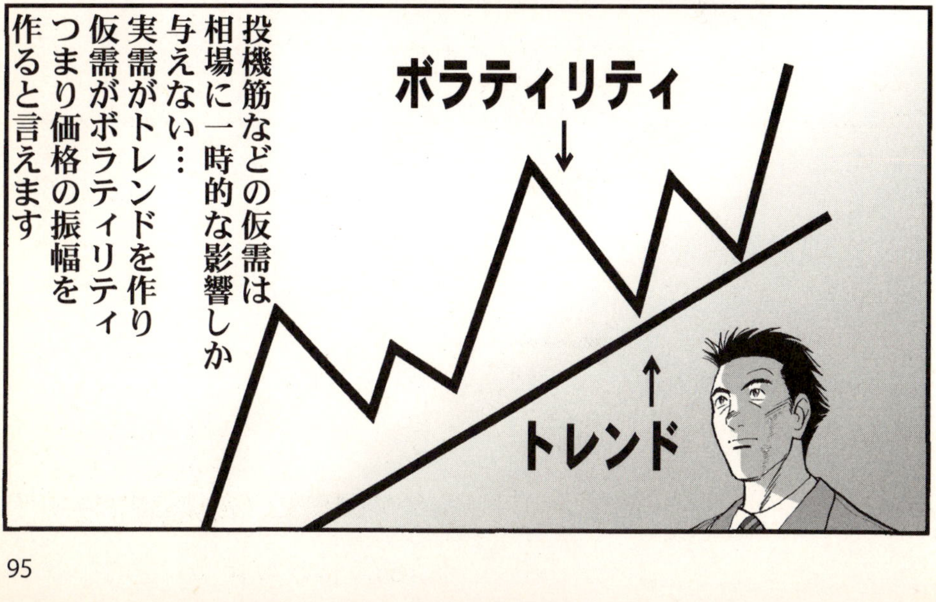
投機筋などの仮需は
相場に一時的な影響しか
与えない…
実需がトレンドを作り
仮需がボラティリティ
つまり価格の振幅を
作ると言えます
ボラティリティ
トレンド

メモ7
投資：トレンド（価格の方向性）に関与する
投機：ボラティィリティ（価格の振幅）に関与する

ここで注意しておきたいのは
投機勘定での売り買いは
いずれ必ず閉じられるから
投機筋が多くいる市場が
一方向に値を伸ばすと
要注意だということです
上だ！ 上だ！
要注意！
上にまいりまーす
上だ！ 上だ！ 上だ！
カイ！
カイ！
カイ！
カイ！

とはいえ投資家が
買い始めた相場でも
値を上げるにつれて
さらなる
価格上昇期待から
投機筋が入ってくる
投機筋
市場
儲けることが
できそうなところには
集まってくるんです

レバレッジをきかせた投機！
この時資産に限りのある投資勘定に比べて投機勘定は信用創造が続く限り無制限に大きくなることができます
ポジションの大きさに比例して儲かるのならいくら借金してでも買いたいですよね
なるほどー…
だからどんな市場でもいずれは投機勘定のほうが大きくなってしまうんです

見極めが
肝心ですね

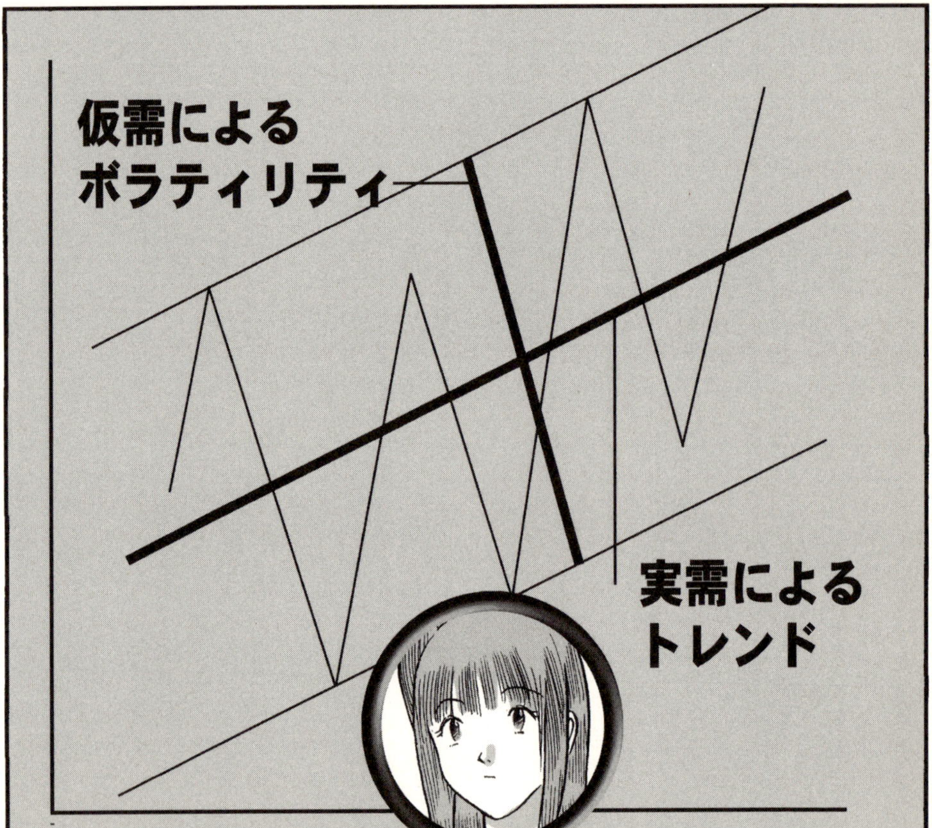
仮需による
ボラティリティ
実需による
トレンド

4 あなたは投資家？投機家？

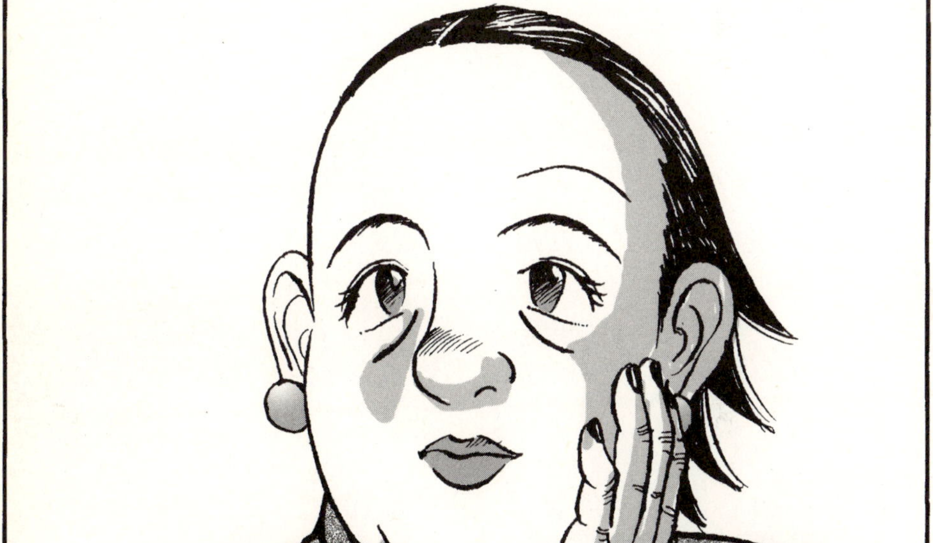

ここで当たり前と言えば当たり前のことなんですが…
投資勘定？
投機勘定？
自分が扱っている資金が投資勘定なのか投機勘定なのかをあらかじめ確認しておかなければいけません
どっちだろ
…
それによって相場への取り組み方が変わってくるんです
例えば投資ならば買いから入るのが基本でキャッシュ比率が100％以上などという状態はまずありえません

一方
投機では値幅だけが
問題ですから
売りも買いも
自由自在なんです
ウリ!
カイ!
ウリ!
自分のことなのに
投資なのか
投機なのかが
わからないことって
あるんですか?
それがあるんです
銀行などの
プロの投資家でも
自分のポートフォリオが
どちらに属するのか
混乱している場合が
よくあります
投資?
投機?
あれー?
どっちだっけ?
←プロの投資家
へーえ
そんなもの
なんですか

そんなもんですここにいる皆さんにもあとで確認してもらいましょう
値下がり局面では
割高
割安
投資環境が改善する
債券の値下がり=金利の上昇
高金利で運用できる
株価の値下がり=株価収益率(PER)の低下
割安株を買える
投資勘定には空売りというものがないので買いに限っての話になるけど…

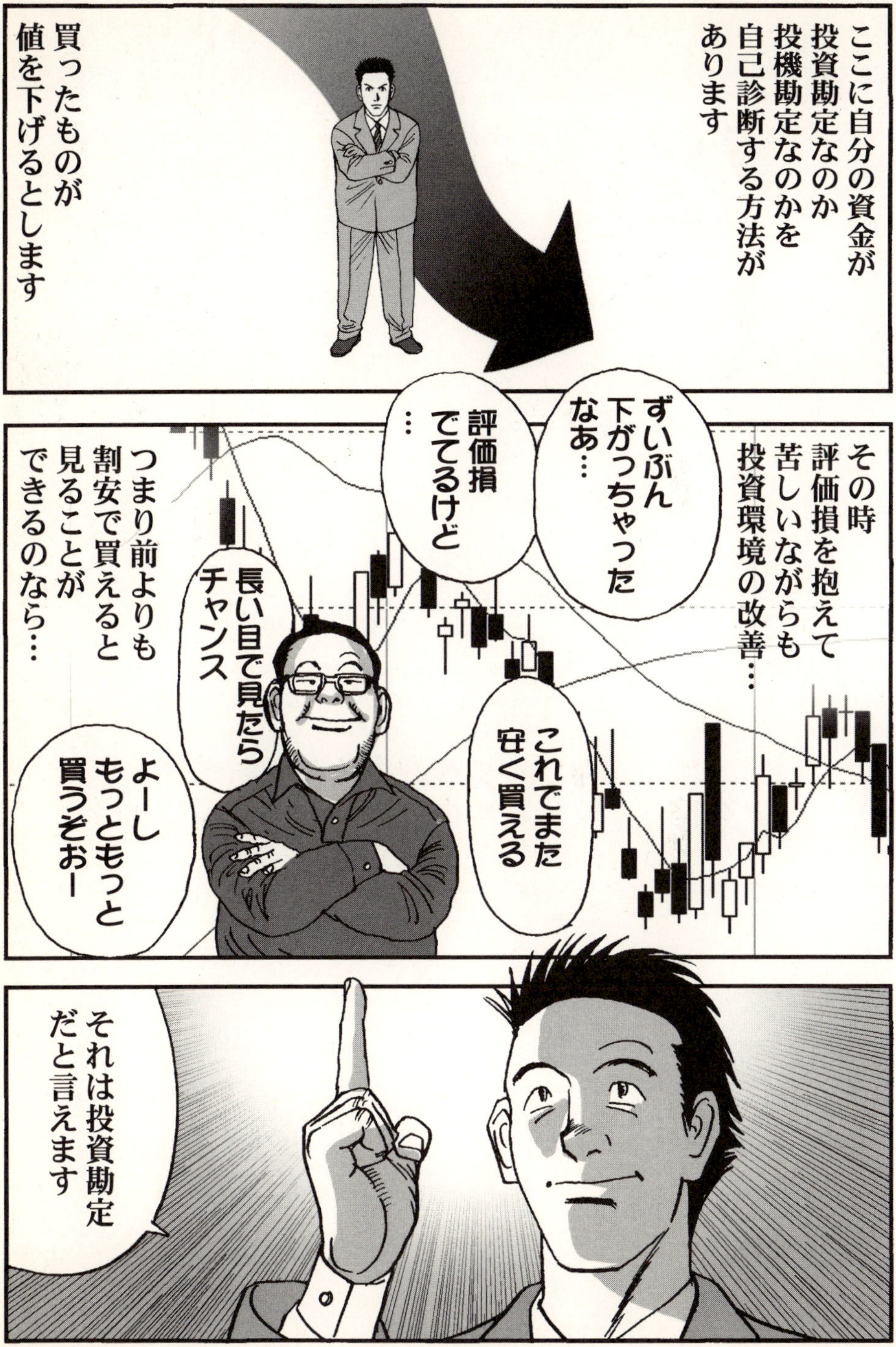
ここに自分の資金が投資勘定なのか投機勘定なのかを自己診断する方法があります
買ったものが値を下げるとします
その時評価損を抱えて苦しいながらも投資環境の改善…
ずいぶん下がっちゃったなあ…
評価損でてるけど…
これでまた安く買える
長い目で見たらチャンス
つまり前よりも割安で買えると見ることができるのなら…
よーしもっともっと買うぞおー
それは投資勘定だと言えます

一方
投機での値下がりは
すなわち 失敗でしか
ありません
投機勘定にバイ・
アンド・ホールド
などという考え方は
ないから
買ったものが
値を下げたなら
迷わず損切るしか
ありません
損切り！
ロスカット！

メモ8
投資：値下がりは投資環境の改善をも意味する
投機：値下がりは投機の失敗以外を意味しない
（買いの場合 売りの場合は逆）

バイ・アンド・
ホールドというのは
買ったものを
持ち続けるという
意味ですか？

そうです
投機筋でも買ったものが
値上がりしている間は
持っていて良いけど
投資家は値下がり
しているものでも
長期投資ということで
持ち続けることが多い
下がっても売らないよー
長期投資だもん
なにしろ
前よりも割安になって
投資基準に
ふさわしくなって
いるということだからね…
何を求めているかで
運用の方法が
変わるんですよ
安くなってたくさん買える
買い増し買い増し
だから
自分の資金の
性質を知ることが
肝心なんです
また
再投資リスク
というのも
投資勘定に
特有のリスクだと
言えます
再投資リスク

投資も投機も同じように相場に参加し相場観がはずれれば苦しむことになります
どちらが高級だとかどちらが難しいなんていうことはないんです
再投資リスクとはなんですか？
再投資リスク
再投資リスクとは債券投資の場合に言えることだけど…
債券価格の上昇＝利回りの低下
債券価格が上昇するということは利回りが低下するということですね

はあ…
よくわからないんですけど
数字をごく簡単にして説明しますね
債券というのは償還時に１００でかえってくる
つまり額面が１００万円なら１００万円でかえってくるんです
100万円
100万円
だから例えば80万円で買ったとすると…
クーポンと呼ばれる金利に加えて20万円の償還益が出ます
その分利回りが高くなります

１００万円で買うと
償還益はなくなる
１２０万円で買えば
逆に20万円の
償還損が出ます
100万円
償還益0円
120万円
償還損-20万円
クーポンは
同じだから
債券の価格が
上がるにつれて
利回りは逆に
下がっていく…
債券
価格上昇
利回り低下
わかりますねー
１００万円でしか
かえらないものが
どうして１２０万円に
値上がりするんですか？
クーポンが
あるからです

例えば長期債の
利回りが5％近くで
取引されている時に出る
新発債のクーポンは
5％になります
長期債
利回り5％
新発債
クーポン5％
その長期債が
値上がりして
4％近くになると
その時に出る
新発債のクーポンは
4％になります
長期債
利回り4％
新発債
クーポン4％
どちらを
買いたいですか？
同じ値段なら
誰だってたくさん
金利が欲しい
ですよね
当然
クーポン5％

普通　新発債は１００円くらいで出るのでより高いクーポンの既発債は１００以上に値上がりしています
どうして利回り５％のものが４％に値上がりするんですか？
債券価格を動かす要因はいくつかありますが…もっとも大きな要因はインフレ率です
インフレ率
インフレ率
4%
利回り
5%
債券
例えばインフレ率４％の時に５％利回りの債券を買うと償還時にインフレで１００万円の価値が減っていてもクーポンなどで十分に補ってもらえます

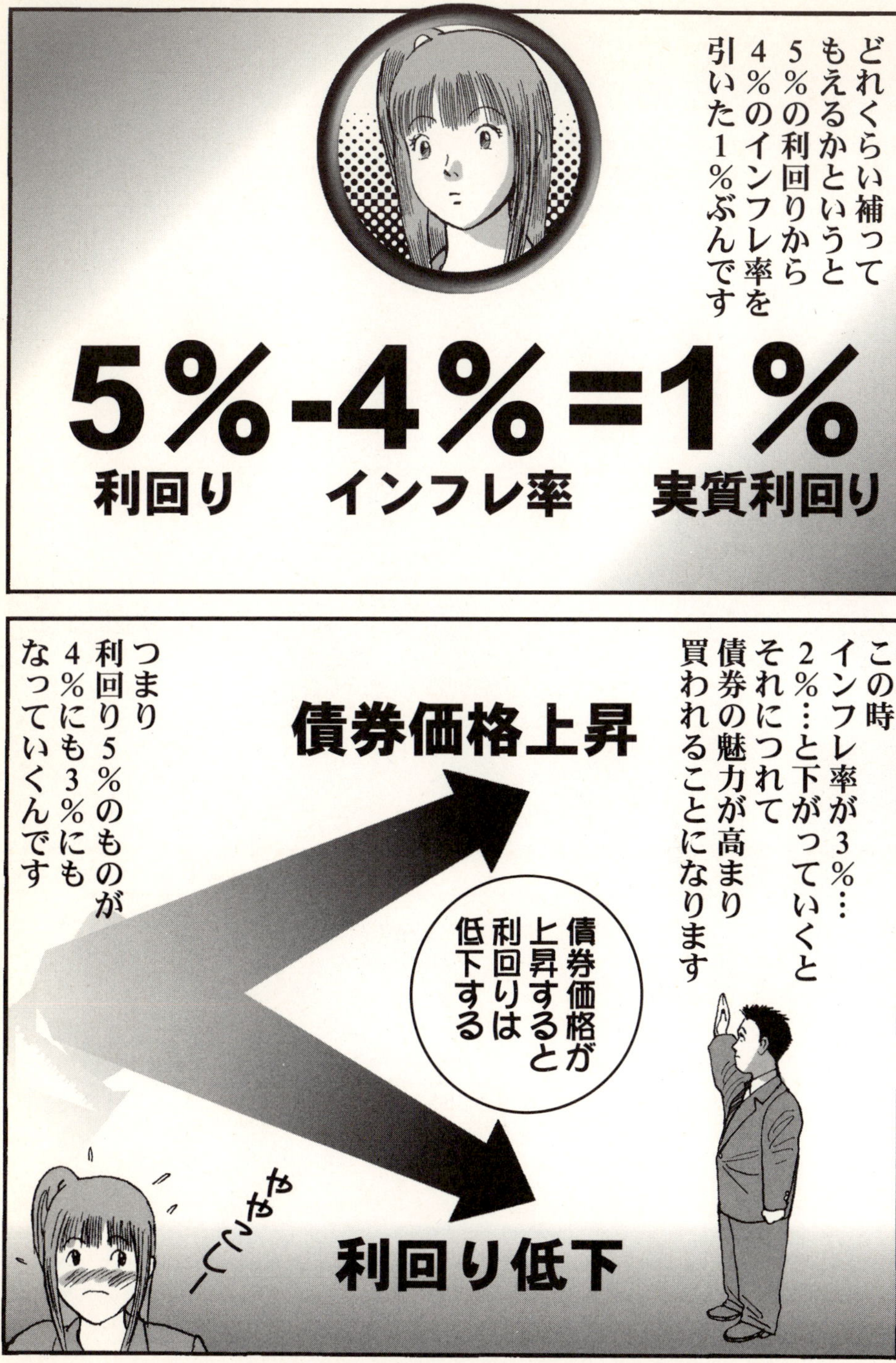
どれくらい補って
もえるかというと
5%の利回りから
4%のインフレ率を
引いた1%ぶんです
5%-4%=1%
利回り
インフレ率
実質利回り
この時
インフレ率が3%…
2%…と下がっていくと
それにつれて
債券の魅力が高まり
買われることになります
債券価格上昇
債券価格が
上昇すると
利回りは
低下する
利回り低下
つまり
利回り5%のものが
4%にも3%にも
なっていくんです
ややこしー

もちろんここでいうインフレ率とは将来の予想だから相場観ですけどね
でも実際に相場観で買われるわけだから…
7.00
6.00
5.00
4.00
3.00
2.00
1.00
0.00
ここで再投資リスクに話を戻すと大量の資金を運用している債券投資家にとっては5％のクーポンのものが値上がりしてくれるのは嬉しいけれど…

世の中から5%の利回りの投資物件がなくなってしまうのは怖いんです
ポートフォリオ
1% 1% 1%
1% 1% 1%
すると再投資リスクとは値上がりを楽しめないというリスクなのですね
だってインフレ率などいつ上がりだすか読めないですものね
すると再投資リスクとは値上がりを楽しめないというリスクなのですね
そうなりますね 金利を得ることが目的の投資家にとっては値上がりすることで金利が低下してしまうと投資物件がなくなってしまう
債券価格上昇
う〜ん
投資物件がない
利回り低下

企業価値・
企業業績に対して
割安な株価を探している
バリュー投資家は
割安な銘柄が
なくなってしまうと
投資基準に合った
投資ができなくなります
PERめちゃ割高
ここで買うのは危険だよなあ…
バブルの末期には
起りうることですね

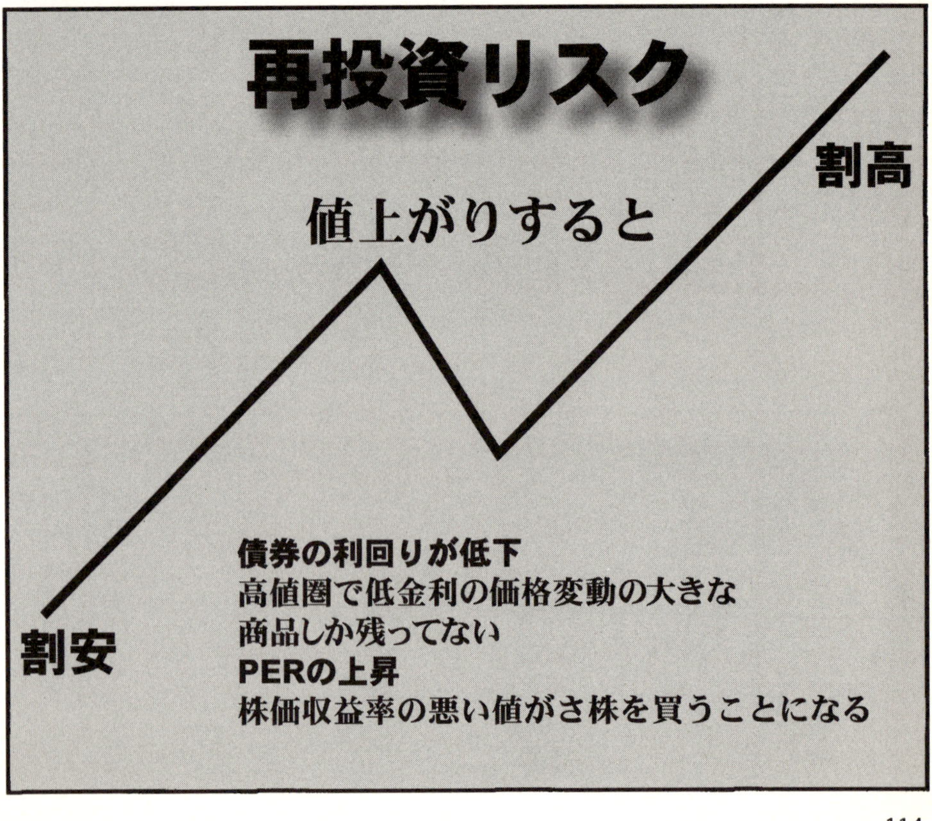
再投資リスク
割高
値上がりすると
割安
債券の利回りが低下
高値圏で低金利の価格変動の大きな
商品しか残ってない
PERの上昇
株価収益率の悪い値がさ株を買うことになる

その時は売ればいいんじゃないんですか？
投資家が持っているものを売ればキャッシュポジションが大きくなります
投資物件を全部売り払うあるいは１００％ヘッジするとキャッシュポジションは１００％となる
キャッシュポジション 100％
¥
リスクがなくなったといったってこれじゃ出資者にリターンがない
どーしよー
しかしこれでは出資者にリターンは渡せません
再投資するものがないというのはこれも大きなリスクなんです

空売りはできないんですか？
資産の枠を超えた売買はもはや投資とは呼ばないそれは投機となります
期限までに必ず反対売買をしなければならない
期限
投機
なぜなら時間の問題で必ず買い戻さねばならないからです
そうかなんとなく投資と投機の違いがわかってきた
投機はキャピタルゲイン狙いなので買い戻し・売り戻しを前提とした売買なのですね

メモ9
投資：保有。あるいは買い切り・売り切り
投機：キャピタルゲイン狙いの売買
売り戻し・買い戻しが前提

そのとおり
したがって
投機が市場価格に
影響を与えることが
できるのは
そのポジションを
保有している間
だけなんです
儲かったら
いつでも
リリースします
はい
投機

長期投資!
バタバタしない
投機の限界は
時間なんです
一方の投資は
売り切り・買い切り
あるいは
保有を前提とした
売買なので
市場価格に
長期にわたって
影響を与えることができる
投資
株券

しかし投資は保有資金の範囲内でしかそのような売買はできない
すなわち投資の限界は量なんです
だから一時的には投機の動きに飲み込まれてしまう
投機がボラティリティを作り投資がトレンドを作るんです！
メモ10
投資：量に厳しい制限がある
投機：時間に厳しい制限がある
わかりました
すると私のような信用取引での空売りは投機となるわけですね
そのとおりです！

5 投機と投資とでは対応が違う

さあそれでは このへんで 皆さんからの ご相談にお答えして いきましょう
ではAさんから… どんなご相談 ですか？
はい
ワシの相談は… ファンダメンタルズ 分析をして 2000円でA社株を 購入したんですが 1700円に値下がり… 損切るべきか ナンピンするかで 迷っています

わかりました　では次に　Bさんの　ご相談は？
はい…　証券会社の　営業マンのすすめで　4500円のB社株を　購入したんですが…
3600円に　値下がりして　追証がかかって　しまいました　ファンダメンタルズに　問題がないと　営業マンがいうので　追証を入れようと　思うんですが…　入れてもいいで　しょうか

たいへんですねー
なるほど…追証ですか胃が痛くなりますねえ…ではCさん
僕の相談は…ネットの情報でC社製品の不具合を知ったので８８０円で空売りしました
ところが不具合がニュースとして報道されたにもかかわらず株価は１０００円を超えてきました
リコール費用売り上げ減から収益の悪化が見込まれるので空売りを維持しようと思っているんですがどうでしょうか…

信用取引は期間限定で資金あるいは株式を借りてポジションを作り売買によってポジションを閉じて返却するのだから典型的な投機だと言えますよね？
信用取引＝典型的な投機
目的は保有や買い切り・売り切りではなくキャピタルゲインです
そのため基本的に商品は選ばない
儲かればなんでもいいんだからしたがって仮需だと言えますね
Cさんのご相談の回答は後ほどさせていただきます
資金の性質？
その前にAさんとBさんの資金の性質も診断してみましょう

Ａさんの相談は「ファンダメンタルズを分析し２０００円のＡ社株を購入
１７００円に値下がり損切るべきかナンピンするかで迷う」ですねＡさんは昨年退職されたのですね
ええ…まとまった退職金が入りました
とはいえ預貯金の金利では食べていけませんし
ペイオフが解禁されて銀行に置いておくのも不安なものですからなじみのある業界のＡ社株を買いました

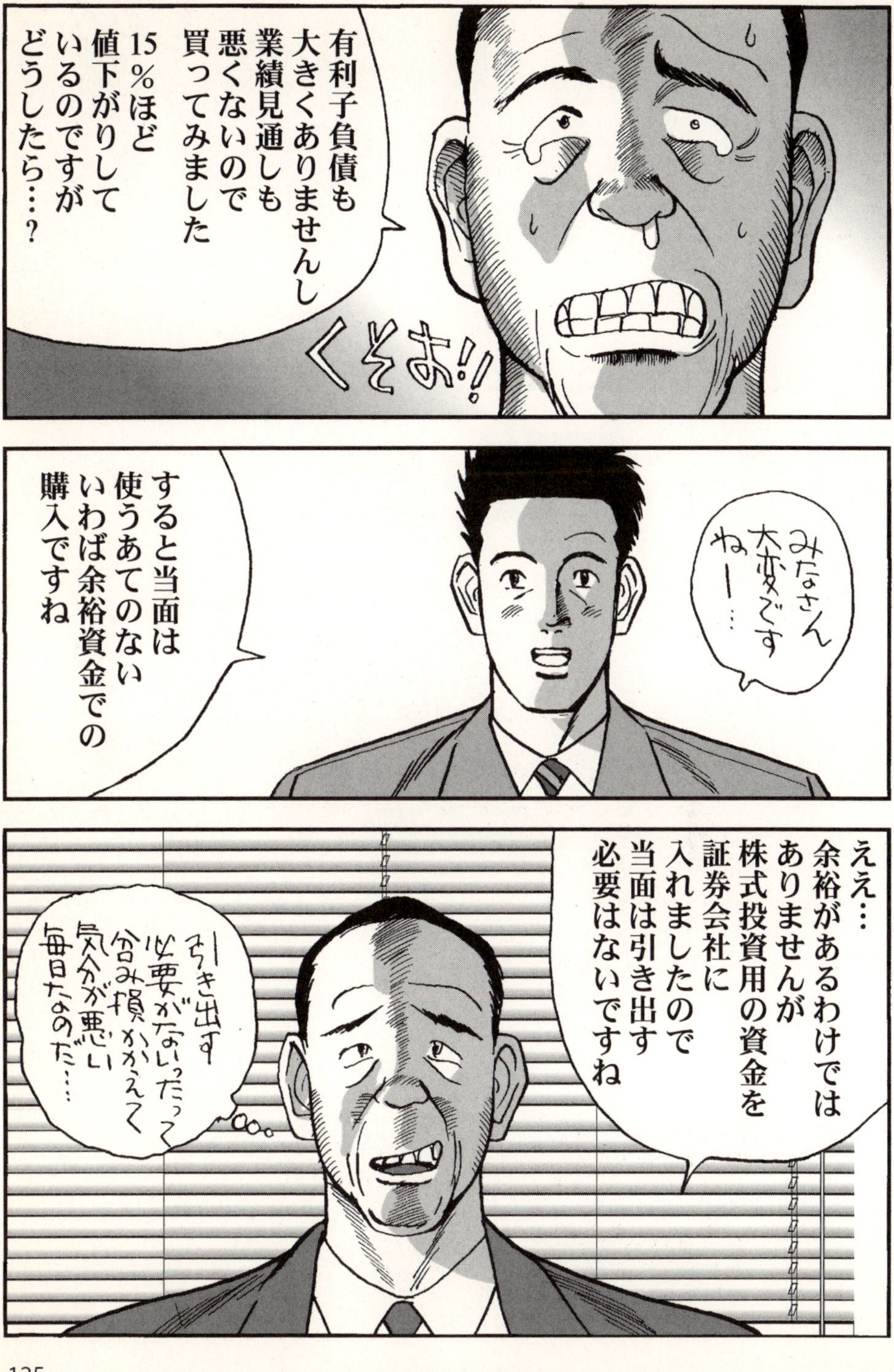
有利子負債も大きくありませんし業績見通しも悪くないので買ってみました
15％ほど値下がりしているのですがどうしたら…？
くそお!!
みなさん大変ですねー…
すると当面は使うあてのないいわば余裕資金での購入ですね
ええ…余裕があるわけではありませんが株式投資用の資金を証券会社に入れましたので当面は引き出す必要はないですね
引き出す必要がないったって含み損かかえて気分が悪い毎日なのだ…

個人の方でも
そのような
資産配分での運用を
私は投資とみています
もちろん
誰でも儲けたいから
運用する
つまり
キャピタルゲインも
欲しいのですが
投資
＝
余裕資金
長期運用
ずっと持っていて
いいような運用
またそれが可能な
運用は投資ですね
もちろん配当狙いや
株主優待制度にひかれて
あるいは
思い入れのある企業の
株主でいたいような
運用は投資です
実需だと言えます
投資
＝
株主優待制度
会社がすき
お答えの前に
Bさんの相談も
見てみましょう

Bさんのご相談は「証券会社の営業マンのすすめで４５００円のB社株を購入
購入4500円
追証発生!
3600円
３６００円で追証がかかるファンダメンタルズに問題がないと営業マンが言うので追証を入れようと思う」…ですね
ええ… 株がよくわからないので証券会社の人の言うとおりに買いましたら損が出ています
追加証拠金を求められましたので実は応じてしまいました悪かったでしょうか?
そうですねこれまでにもお話していますように私は信用取引を投資だとは見なしていません

もともと そのものを保有する 意思がなく あるいは 意思があっても 返済期限がきたり…
評価損が出ると 持ちこたえられない ような運用は キャピタルゲインが 狙いの投機なのです
Bさんの相談から お答えすると
ドキドキ
追証に応じては いけません

ドキ
追証はある意味で
それ以上の
損失を防いで
破滅から救ってくれる
救済システムでも
あるのです
追証
はあ？
追証です！
追証
自分で厳しく
リスク管理をしなくても
証券会社が知らせて
くれるのですから

その証券会社の方はナンピン買いを勧めてくれるのですけど…
それはダメですその営業マンとは付き合わないほうが賢明かもしれませんよ
キッパリ!
リスク管理というものを理解していませんから…ちょっとこのグラフを見てください

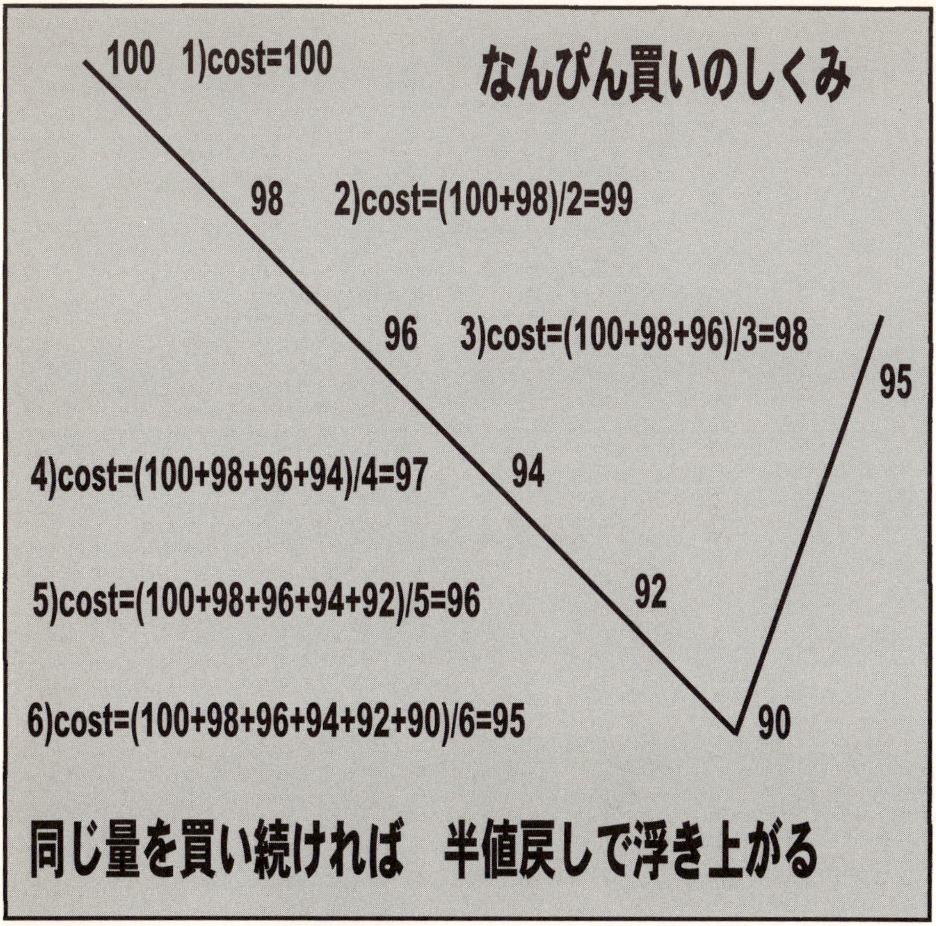
なんぴん買いのしくみ
100
1)cost=100
98
2)cost=(100+98)/2=99
96
3)cost=(100+98+96)/3=98
95
4)cost=(100+98+96+94)/4=97
94
5)cost=(100+98+96+94+92)/5=96
92
6)cost=(100+98+96+94+92+90)/6=95
90
同じ量を買い続ければ　半値戻しで浮き上がる

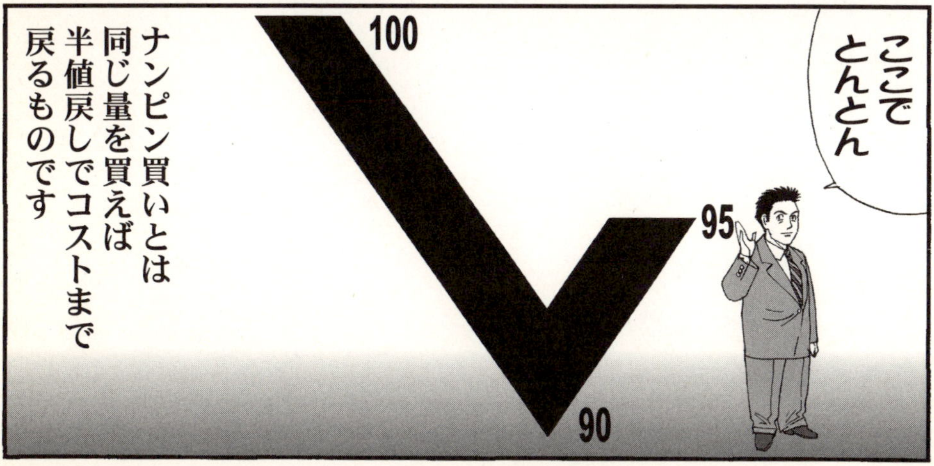
ここでとんとん
100
95
90
ナンピン買いとは同じ量を買えば半値戻しでコストまで戻るものです

何もしなければ全戻ししないとコストには回復しないのですから勝つ確率は格段に高まります
一方でリスクは2倍になっていますもう1つこのグラフも見てください

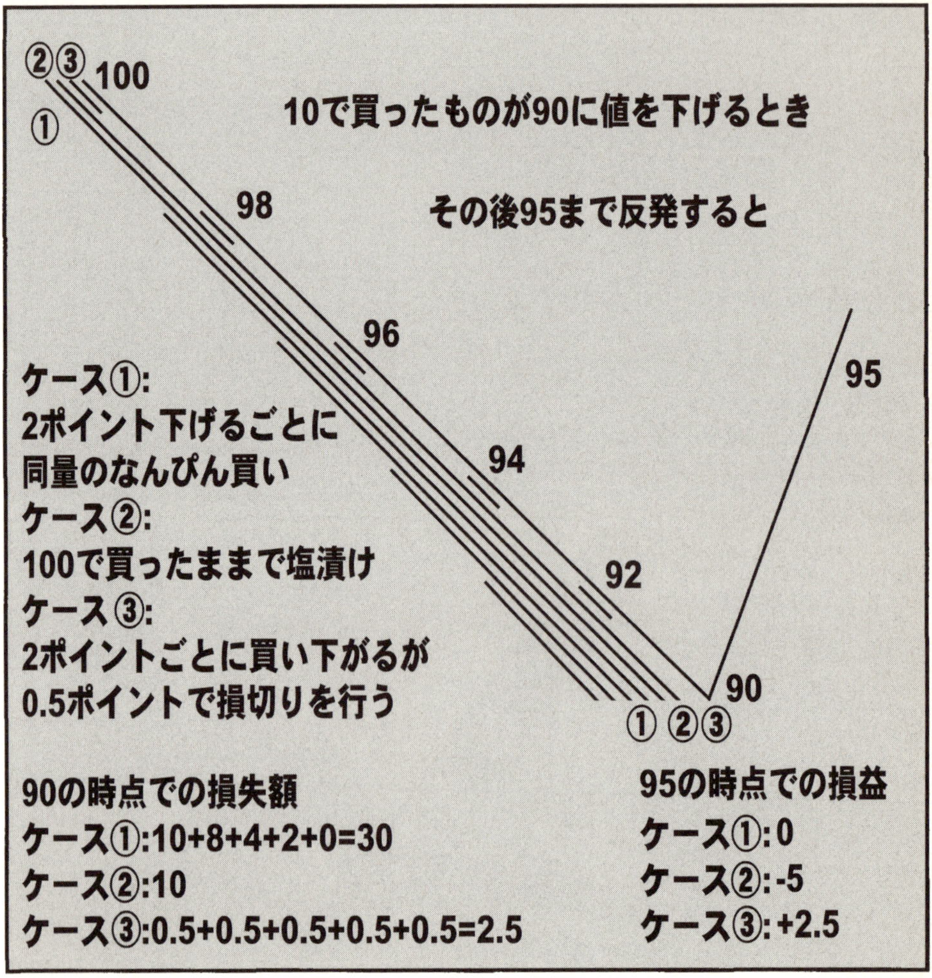
10で買ったものが90に値を下げるとき
その後95まで反発すると
②③ 100
①
98
96
94
92
90
95
① ②③
ケース①:
2ポイント下げるごとに
同量のなんぴん買い
ケース②:
100で買ったままで塩漬け
ケース③:
2ポイントごとに買い下がるが
0.5ポイントで損切りを行う
90の時点での損失額
ケース①:10+8+4+2+0=30
ケース②:10
ケース③:0.5+0.5+0.5+0.5+0.5=2.5
95の時点での損益
ケース①:0
ケース②:-5
ケース③:+2.5

これは100のものが90まで下げて95に反発した時に2ポイント下げるごとに同量のナンピン買い
つまり最初の買いを入れて6回買った場合
何もせずに持ち続けた場合2ポイントごとに買いは入れるが0.5ポイントごとに損切った場合の損益を描いたものです
同量のナンピンでは半値の95に戻れば損益はゼロとなります持ち続ければ半値戻しでは5ポイントやられています

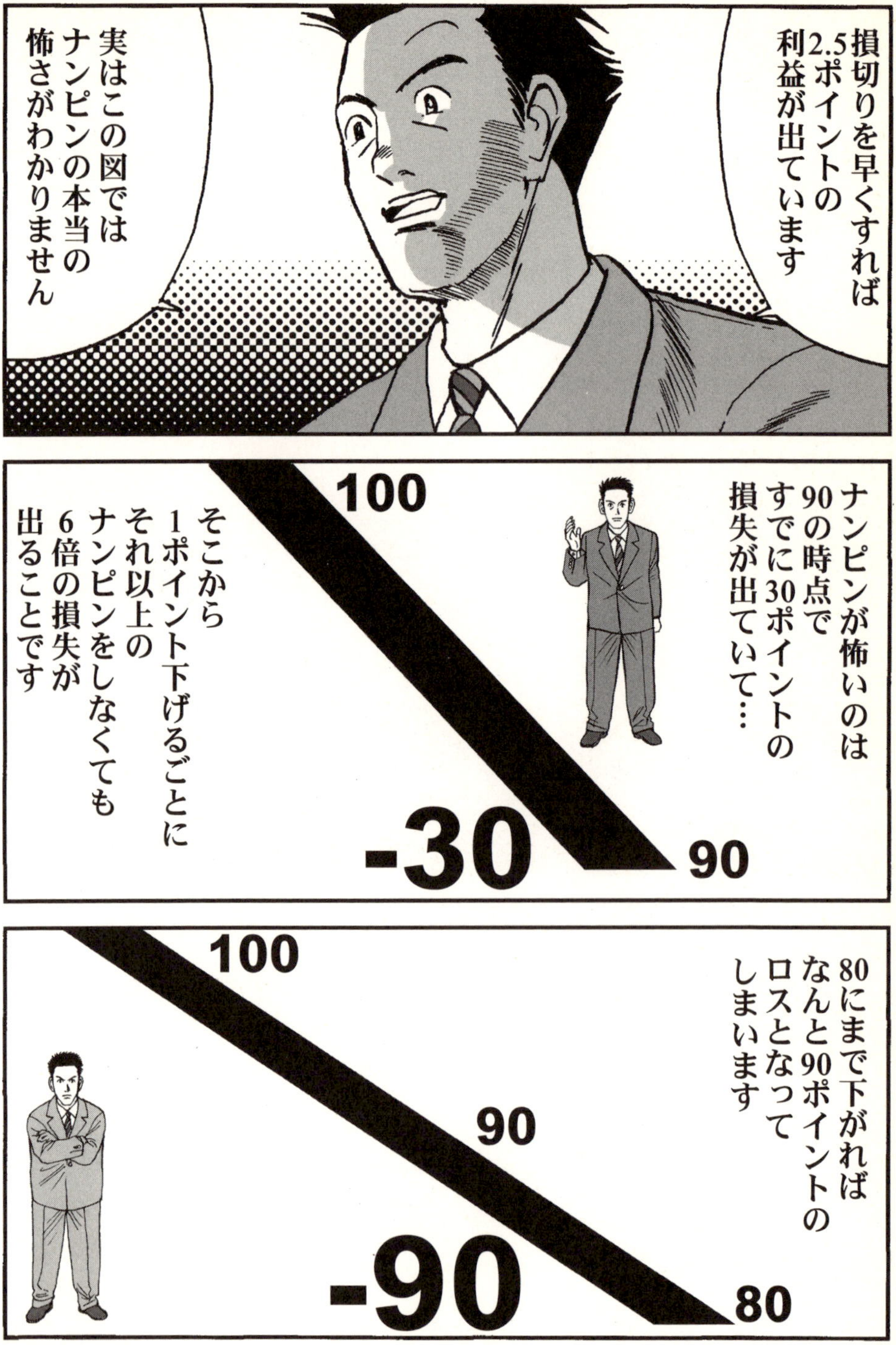
損切りを早くすれば2.5ポイントの利益が出ています
実はこの図ではナンピンの本当の怖さがわかりません
ナンピンが怖いのは90の時点ですでに30ポイントの損失が出ていて…
100
-30
90
そこから1ポイント下げるごとにそれ以上のナンピンをしなくても6倍の損失が出ることです
80にまで下がればなんと90ポイントのロスとなってしまいます
100
90
-90
80

2割下落で
9割消失！
2割下がっただけで
当初の額面価値の
9割をなくすのです
一攫千金を狙って
ナンピンでの買いを
大きくすれば
もっとリスクは
高まります
すると
損切りをしながらも
買い続けるのが
いいのですか？
正確には
下げ相場で
買い続けるにしても
タイミングを誤ったなら
損切る必要がある
ということです！

損切り！
空売り！！
投機ならばなにも買い続ける必要はなく見切りと同時に売りを建てることもできます
倍返しですもちろんその場合にもタイミングを誤れば今度は買い戻しという損切りを行うことになりますよ
倍返し
ぎょえ
買い戻し！
往復ビンタですね
そのとおりです往復ビンタはいやなものだけど…投機では倍返しをするくらいの気構えのほうがうまくいくものなんです

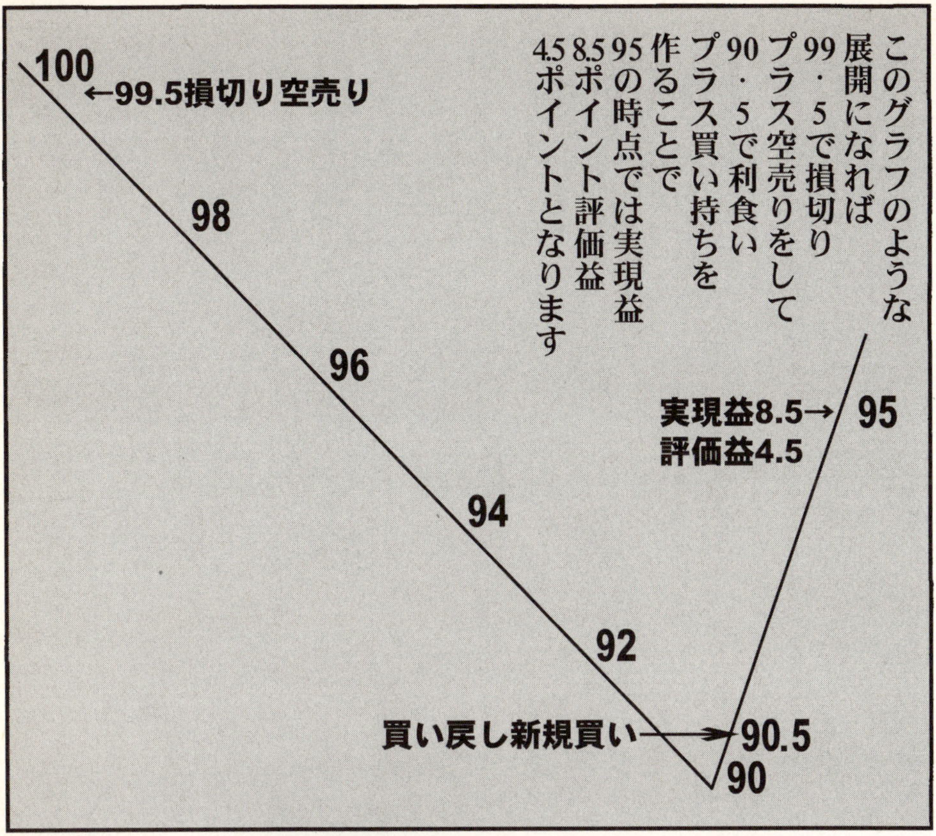
このグラフのような
展開になれば
99・5で損切り
プラス空売りをして
90・5で利食い
プラス買い持ちを
作ることで
95の時点では実現益
8.5ポイント評価益
4.5ポイントとなります
100
←99.5損切り空売り
98
96
94
92
買い戻し新規買い
90.5
90
実現益8.5→
95
評価益4.5

理想ですね
それが理想に
聞こえるのなら
理想に近づくトレードを
心がければいいんです

Bさんもこのグラフによってナンピンは期待される利益に対するリスクが大きすぎると納得がいくなら
その営業マンの勧めをつっぱねてもらいたいですね
はい今後はそのようにします
Cさんの相談への答えは…もうわかりますよね？
はい 空売りは投機なのだから逆にいったなら損切るしかない…
買い戻しと同時にロングを作ってもいいくらいなのですね

相場の動きに
素直になると
下がるはずのものが
上がること自体が
「自分が見えてないものの
存在」を暗示している
ことがわかります
そんなはずはない！
なぜだ！
あるはずがないことが
現実に起っているのに
「そんなはずがない」
「そんなはずがない」と
唱え続けていても
始まらないんです

また
投機には
時間的な制限があるので
結局は正しかったという
言い訳は通用しません
わぁぁ期日が来るう！
期日
ゴォー

価格の動きに素直になることが大事なんです
投機
動いたほうにつく！
さあ次はどっちに動く！
おれは正しい
投機はなんでも材料にできるのですから自分の知らないことが材料にされていたならどうしようもないですよね
意地にならない
フットワークを軽くして
テコでも動かんぞ

投機ではまったくの気まぐれで売り買いしても短期間ならその方向に動かすことができます
それだけの量をつぎ込めば…ですけどね
超大物仕手
ははは資金量が違う！
かかってこい木っ端ども！
わ！
空売っちゃったどーしよ！

そんな連中とケンカするより上前をはねる　あるいはおこぼれに預かるぐらいの気持ちのほうがうまくいきますね
飛び降り！
飛び乗り！
自分だってキャピタルゲインしか狙ってないんだから
わかりましたもっとフットワークを軽くするようにします
そうだよなー…投機なんだからー…
がんばりましょうさてAさんですが投資家の場合はちょっと別の考え方をしてもいいと思います
はあ？

先ほどのこの図ですが
投資がトレンドを作り
投機がボラティリティを
作るとお話しましたね

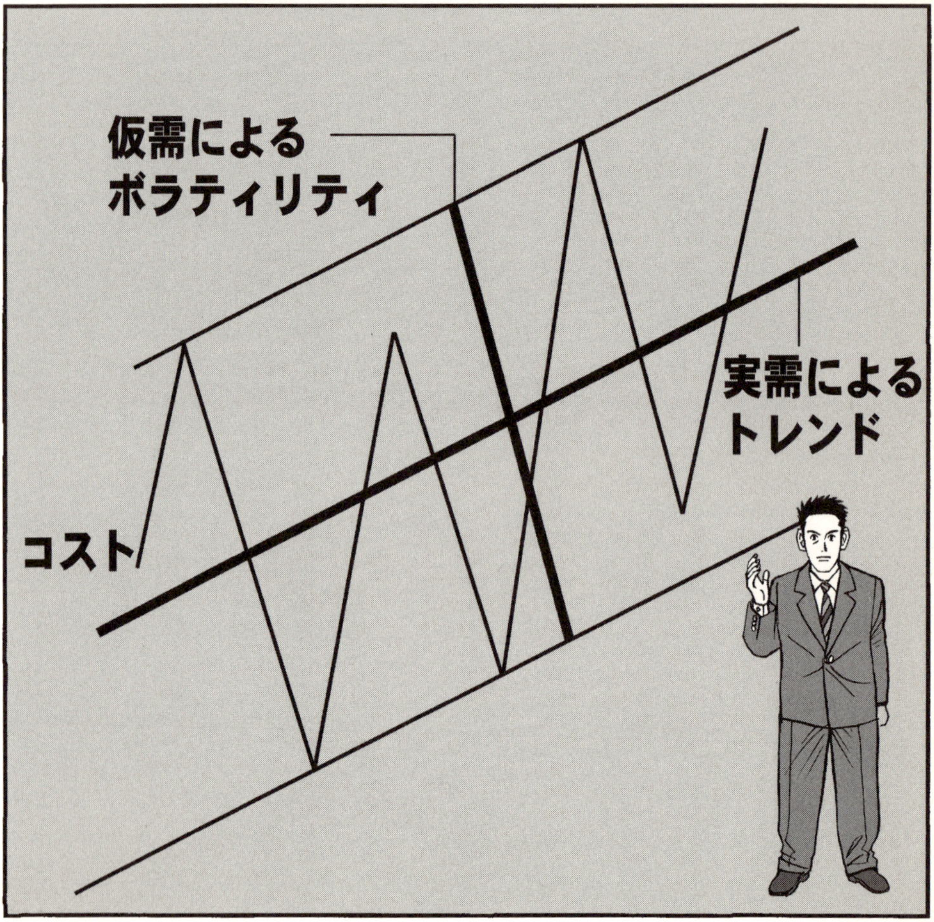
仮需による
ボラティリティ
実需による
トレンド
コスト

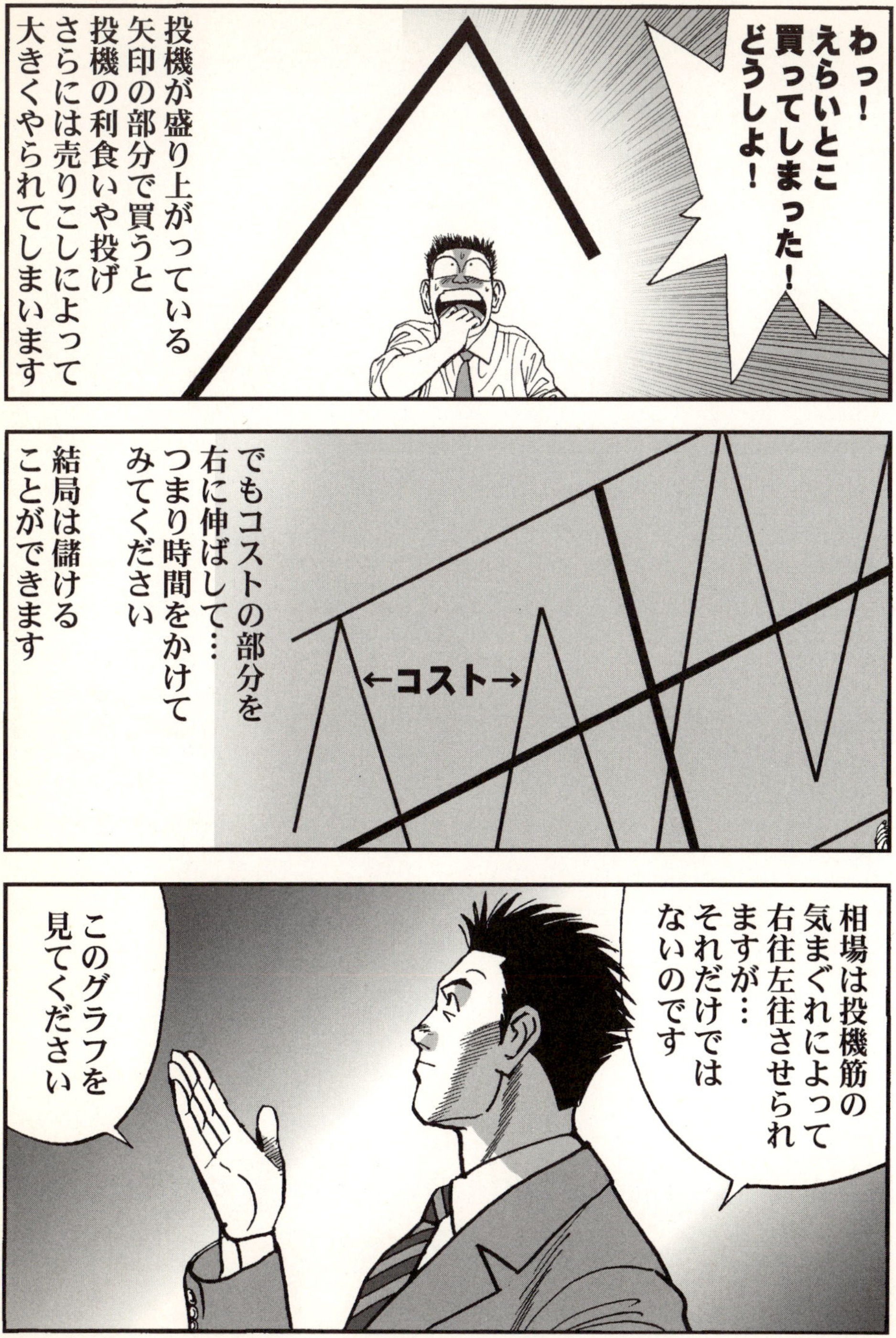
わっ！
えらいとこ
買ってしまった！
どうしよ！
投機が盛り上がっている
矢印の部分で買うと
投機の利食いや投げ
さらには売りこしによって
大きくやられてしまいます
でもコストの部分を
右に伸ばして…
つまり時間をかけて
みてください
←コスト→
結局は儲ける
ことができます
相場は投機筋の
気まぐれによって
右往左往させられ
ますが…
それだけでは
ないのです
このグラフを
見てください

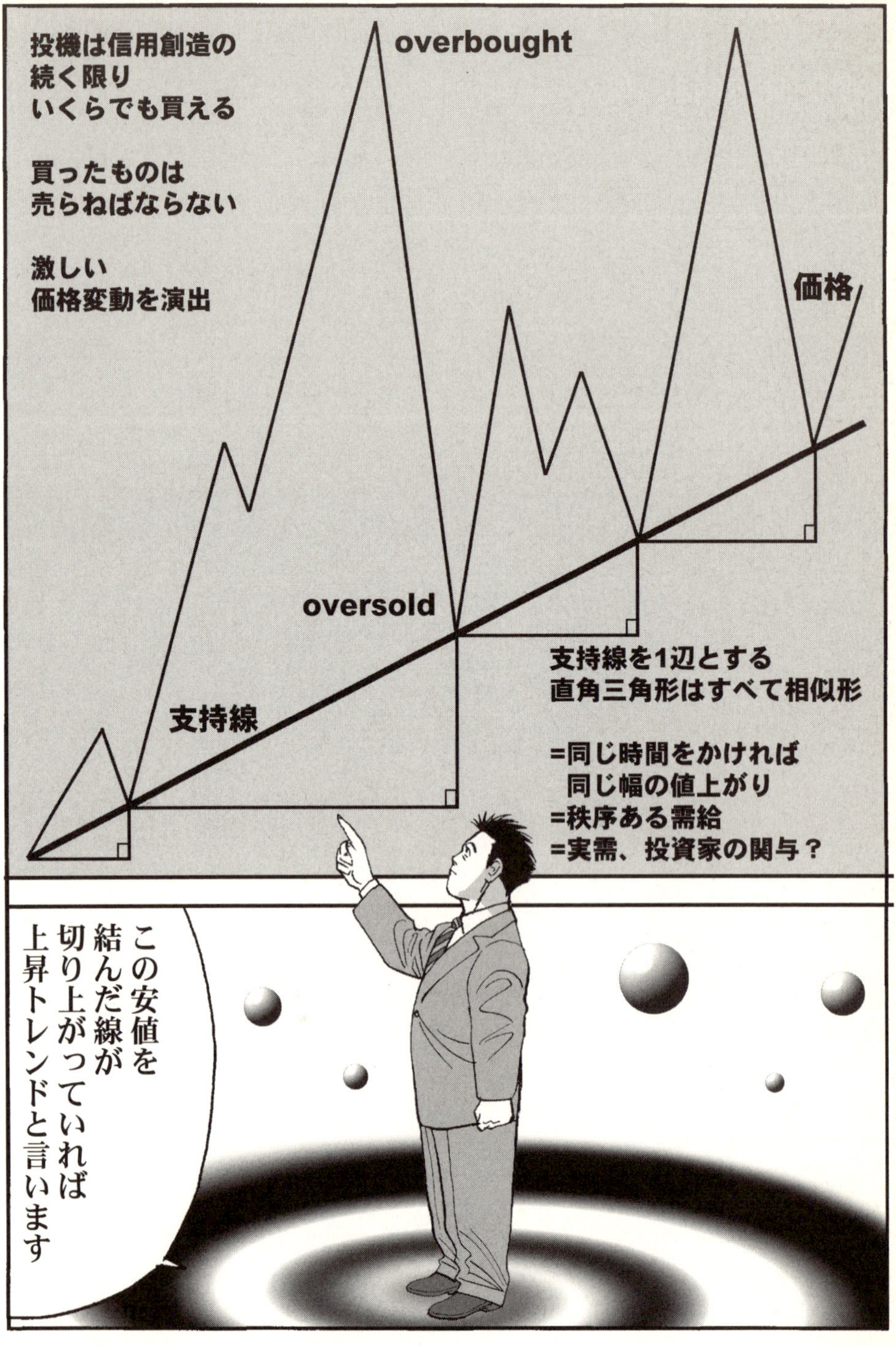
投機は信用創造の
続く限り
いくらでも買える

買ったものは
売らねばならない

激しい
価格変動を演出
overbought
価格
oversold
支持線
支持線を1辺とする
直角三角形はすべて相似形

=同じ時間をかければ
同じ幅の値上がり
=秩序ある需給
=実需、投資家の関与？
この安値を
結んだ線が
切り上がっていれば
上昇トレンドと言います

どのチャートでも上昇局面ではこのような支持線が引けるごくありふれたものです
この支持線上の安値と安値とを斜辺とする直角三角形に注目してください
どの三角形も相似ですすなわち大きさが違うだけで形はまったく同じです

↑価格
時間→
この横線は時間で縦線は価格ですからこのことは同じ時間をかければ同じ値幅だけ上昇することを表しています
いっけん無秩序にジグザグに動いている相場もこうしてトレンドラインを1本引くだけで驚くべき規則性を見つけることができます
私はこれは保有による効果だと考えています
一方この上げ下げはキャピタルゲインを狙ってポジションを作ったり閉じたりする投機筋…
つまり仮需の動きによっていますこのように時間がたてば上げて下げて一段落です

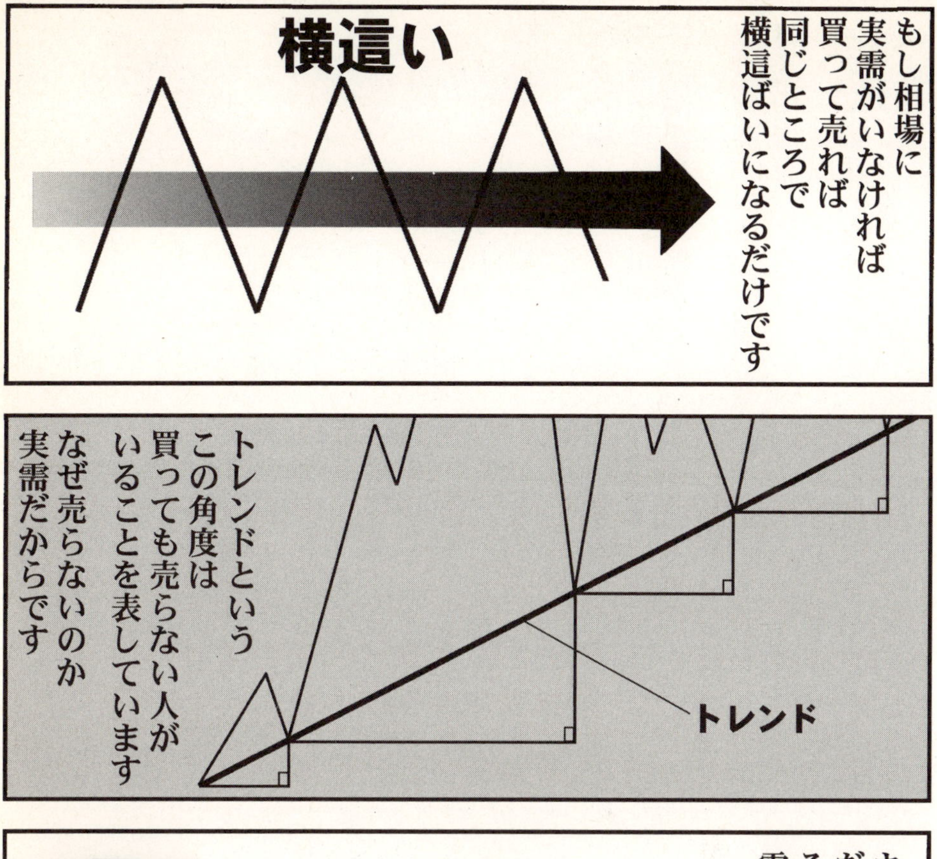
もし相場に実需がいなければ買って売れば同じところで横這いになるだけです
横這い
トレンドというこの角度は買っても売らない人がいることを表しています
なぜ売らないのか実需だからです
トレンド
キャピタルゲインだけではなくそのものに対する需要があるからです
実需
売りません！

株式の場合
実需を支えるのは
経営権が目的の保有
配当や株主優待制度が
目的の保有
加えて継続的な増収増益
といった企業業績です
増収増益
この会社なら安心して持てる！
つぶれる不安があると
長くは持てませんから
安全性が重要なのは
言うまでもありません
HOLD!
投資ではそういった
前提条件が崩れない限り
持っていていいのです

Aさんの場合はファンダメンタルズを分析して長期的に持てる資金で買っているのですからタイミングを間違えたからといってすぐに売る必要はありません
ホッ
よかった…
でもタイミングを間違えると
←こんなところで買うと苦しむ
例えばこのグラフのように…
長い間苦しむことになります
だから投資では相場を追いかけるのではなく売られて割安になったところを買うのが基本です
投資の場合は売られて割安になったところを買う→

株価は必ず
ファンダメンタルズを
先読みします
某有力アナリスト
株価は2倍に
なるでしょう
例えば
有力アナリストが
A社の株価が来年には
2倍になると予測すれば
ワアアア〜
カイ!
カイ!
カイ!
2倍
株価は短期間で
2倍になってしまいます

そして1年後に
本当に株価が2倍に
なっていたとしても
うまくやれた人と
損した人に
分かれてしまいます

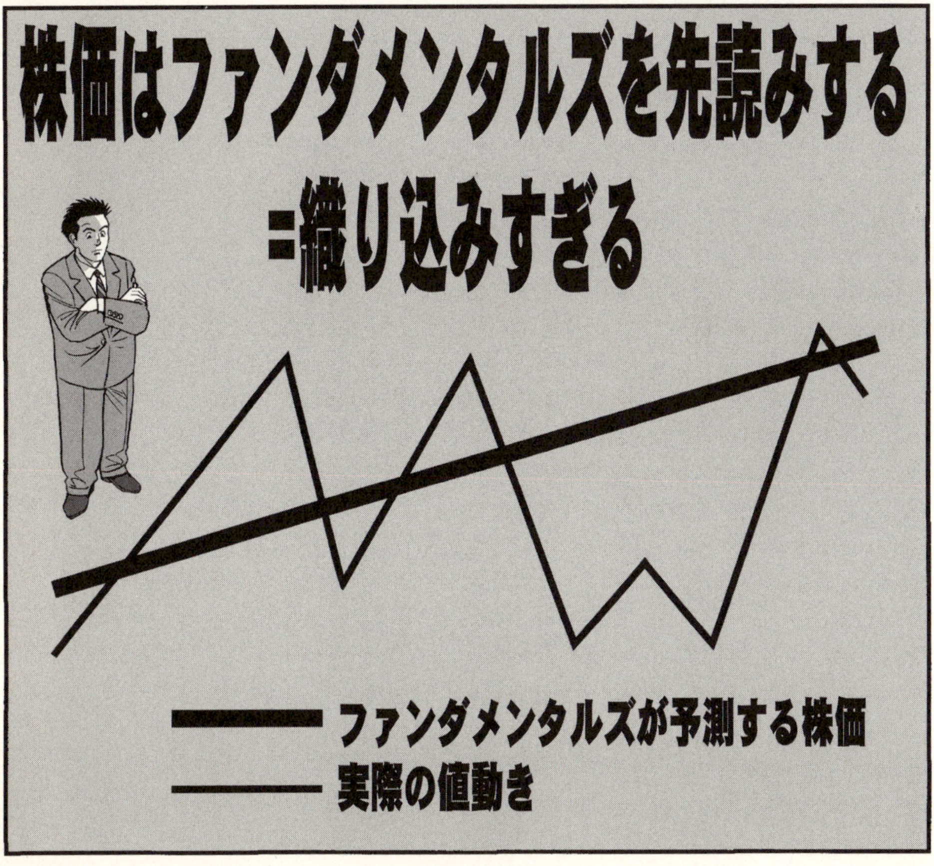
株価はファンダメンタルズを先読みする
=織り込みすぎる
ファンダメンタルズが予測する株価
実際の値動き

また
株価は価格上昇期待
だけでも上がります
つまり
まともな理由がなくても
買えば上がる
上がるから買う
ということが
しばしば起こります
このような時の
材料はすべて
後づけです
なんでこんなに上がるんだ?
材料はなんだ?
〇×△だというウワサがあるが…
いや△△〇らしいぞ
まいいや何でも
ははは上がればいいの
材料は後づけ

はははははは
投機筋は
信用が続く限り
買うことができますし
資産が値上がりすると
さらに信用が増すという
スパイラル効果もあります
株価の上昇で含み益膨大だ!

このような時にも予測株価からは大きく乖離します

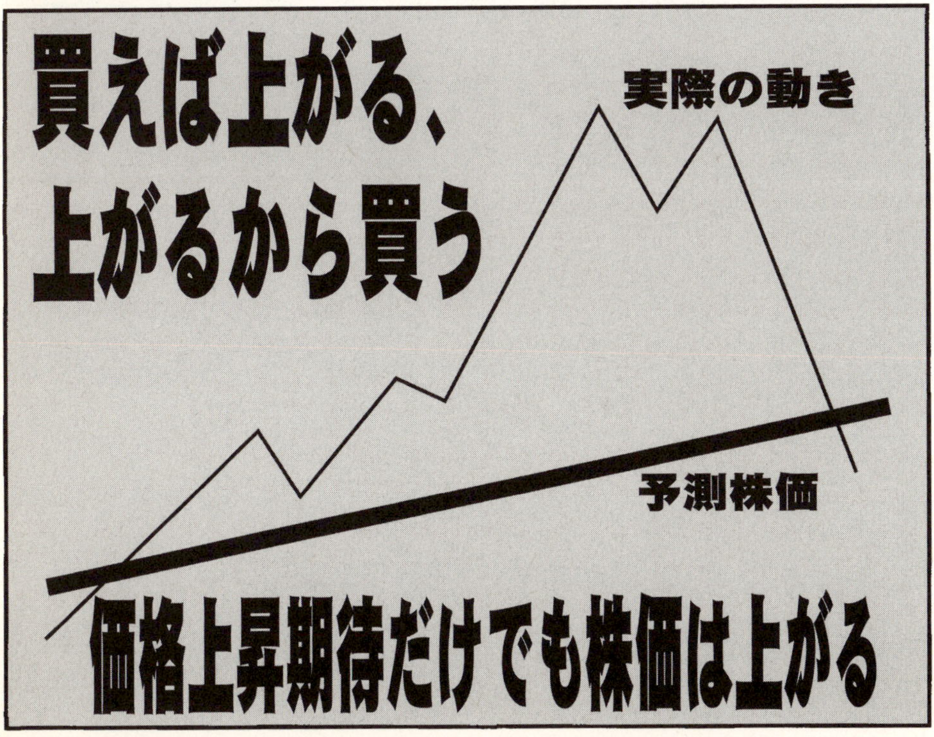
買えば上がる、
上がるから買う
実際の動き
予測株価
価格上昇期待だけでも株価は上がる

そう考えると投資という観点からは株価がファンダメンタルズから乖離してむしろ割安となったところを買うのがもっとも収益性が高いということになります
現にアメリカなどの大物投資家は良い銘柄が割安に放置されているものを買っています
なるほど!!…

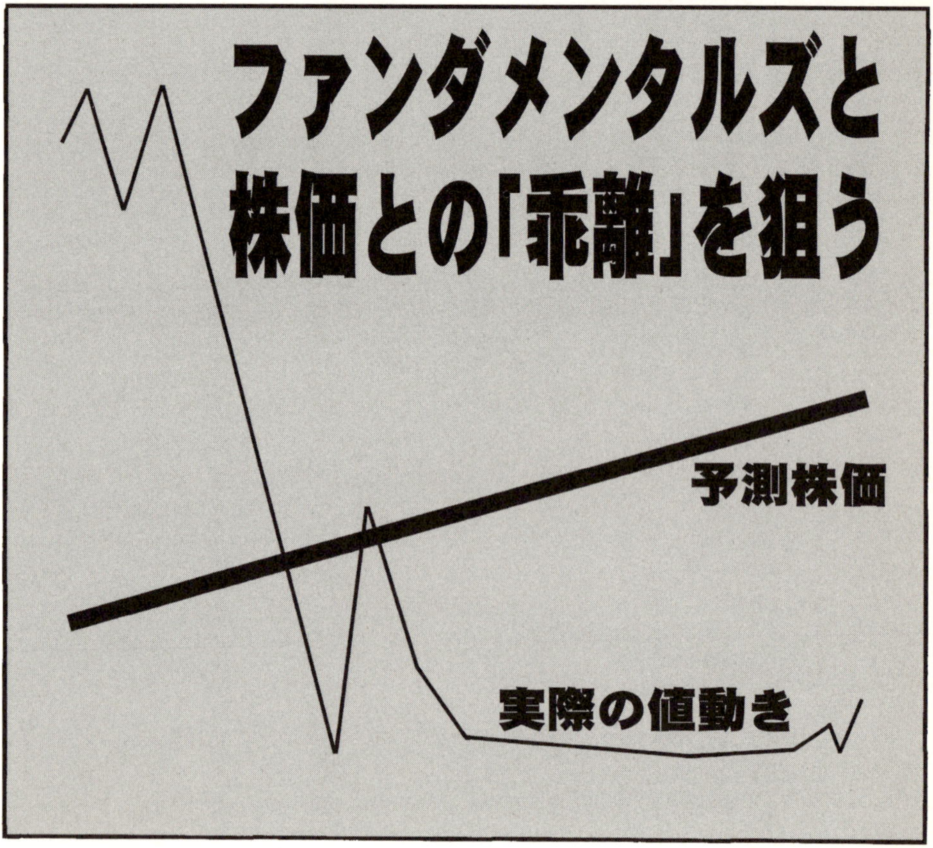
ファンダメンタルズと株価との「乖離」を狙う
予測株価
実際の値動き

Aさんは確かに
ファンダメンタルズを
よく分析されていますが
価格につられて高値で
買ってしまっています
とほほ…
持ちこたえるのも
1つの方法ですが
待っている間に
前提条件が崩れてしまう
恐れも否定できません
ファンダメンタルズ
瓦解!
例えば
会計上の操作で
数値そのものが
嘘であった
あるいは不良品の発生など
さまざまなスキャンダルが
出ることもあります

私なら
いったん損切って
仕切り直しますね
はぁ…
どうですか…
過去7年や10年
あるいはそれ以上の
長期的なタームで見ると
円からの投資で
もっともリターンが
得られたのは
円債や日本株といった
円物や外国株でなく
実は外債です
外債

金利の複利効果というのは想像以上に大きく長い間には為替リスクを吸収してしまっています
複利効果
長期であるほど効果大

すなわち10年以上前に円をドルに変えてドル債を買いいま円に戻してもほかの商品よりも多くの円が得られるのです

のみならずドルは通貨ですからドルのままでも使えます
その場合は複利で多くなったドルがそのままの大きな価値を持ちます
余裕資金ならば外貨投資を考えてもいいと思いますね

よくわかりました資産配分で外貨投資も考えることにしてA社株は投資に至った前提が崩れない限り持ち続けることにします

さあこれで皆さんのご相談にすべてお答えしましたお役に立ちましたでしょうか

はい
とても…
ありがとう
ございました

こちらこそ
ありがとう
ございました
「相場を知り
自己資金の性質を
理解すれば
百戦
危うからず」と
いきたいですね

リスク管理さえできていれば驚くようなできごとは自分の味方についてくれるんです
反対サイドはプロテクトしているのだから当然ですよね

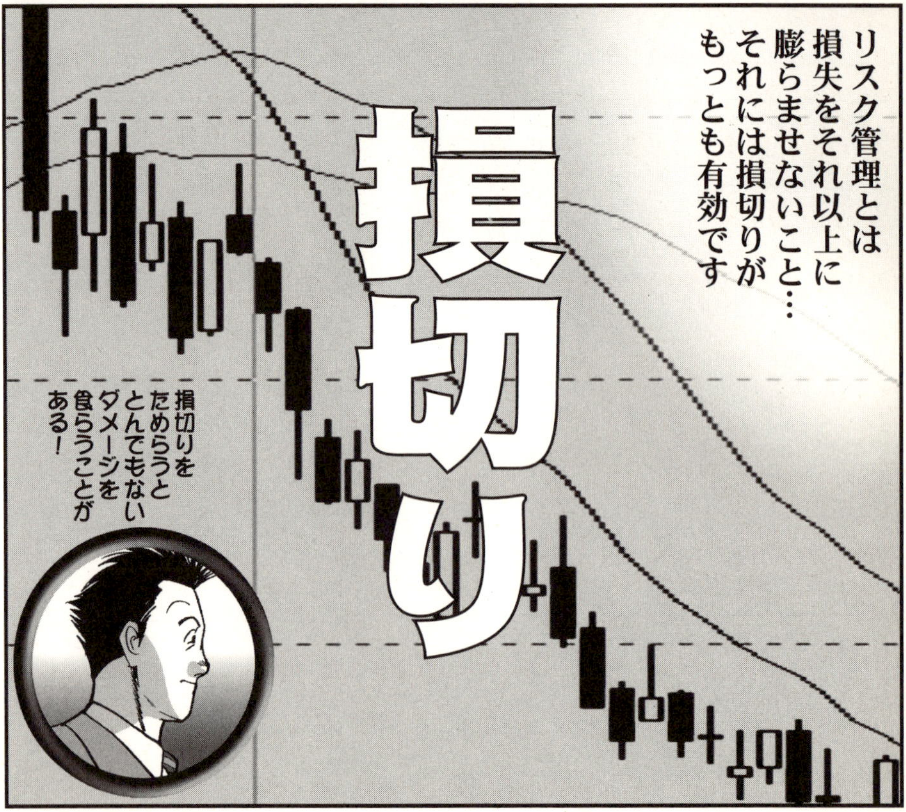
リスク管理とは損失をそれ以上に膨らませないこと…それには損切りがもっとも有効です
損切り
損切りをためらうととんでもないダメージを食らうことがある!

あとは勇気を持って踏み出すことです
やらねば始まらないのですから
じっとしていることもリスクだということをよく考えて…積極的にやりましょう
一緒にがんばりましょう

私も投資を始めようかな

いえ私の場合は投機だろうなははは

あとがき

私は勝ち負けを日々の糧としているスポーツ選手に教えられることがよくあります。女子マラソンの高橋尚子選手のように目的に向かって理詰めで精進を重ね、切るものは切り、それを結果に結びつける精神力には、ただひたすら感服します。アテネ・オリンピックの選考レースであった東京マラソンでの敗北（とはいえ2位ですが）の無念を、２年かけて同じ相手から晴らす執念も勝負師として見習いたく思っています。

また、阪神ファンならずとも野球ファンなら金本選手を知らない人はいないでしょう。阪神タイガースには金本選手を含め、今年38歳になるベテラントリオがいます。この年齢は野球選手ではすでに引退している人もいる歳なのですが、金本知憲、矢野輝弘、下柳剛のベテラン３選手は昨年そろって自己の持つ記録を更新したのです。下柳投手は勝ち星を、矢野捕手はホームランを、金本外野手にいたっては打率・打点・ホームランの３部門のすべてを更新しました。なかでも金本選手がすごいのは２年連続で３部門の自己記録を更新したことです。加えて、この4月にも世界記録を更新しようかというフルイニング出場を続けながらの更新です。これは私などをも大いに刺激してくれました。肉体が衰えてきているはずのスポーツ選手ですら自己記録が更新できるのなら、私たちも相場での収益記録をこれから毎年更新し続けることも可能なはずです。

金本選手は古今東西でもっとも出続けている野球選手ですから、体調などのリスク管理がうまくできているのだと思います。それでいて自己の成績を2年連続で更新できるのですから、肉体の構造にかなった動きをしているのだといえます。私もスカッシュというスポーツを続けていますが、スカッシュが下手な人は正しいやり方を知らないか、正しいやり方は知っているけれどもまだ未熟かの、どちらかなのです。私はまだ未熟ですが、正しいやり方を知っているので日々進歩しています。そんな私でも正しいやり方を見つけるまでは、10年近く進歩が止まっていました（体力の衰えとともに下手になっていました）。金本選手は正しい野球のやり方を知り、それを実践できているのでしょう。これは他の選手にも影響します。阪神選手のレベルがアップしているとすれば、貢献度ナンバーワンは金本選手ではないかと思います。

相場にも正しいやり方があるのです。そのやり方はひとつではないでしょうが、相場での価格変動のしくみや、投資・投機といった資金の性質を理解すれば、何が合理的で安定した収益につながる運用なのかは、おのずから明らかになってきます。いろんな書物を読み、実際にトレードし、よく考え、自分なりの理想像をつくりあげたなら、あとはその理想に近づく努力をするだけです。想定以上の損をするのは自分がまだまだ未熟なだけ。正しいやり方をしていたなら、経験はそのまま実力（私は相場力と呼んでいます）アップに結びつきます。毎年自己記録を更新することも夢ではないのです。

本書には私がこれまで書いてきた本のエッセンスが詰まっています。タイトルの「入門の入門」というのは、「いろはレベル」というわけではなく、最初から本質を知るべきだという意味です。これまで難解だとの指摘が多かったものに、てらおかみちおさんが魅力的な絵をつけてくれました。おかげさまで大変わかりやすいものに仕上がったと思います。皆さんの資金運用の手助けになれると確信します。お互い、理想像に向かって研鑽しましょう。

２００６年2月　　矢口　新

■著者紹介

原作：矢口 新（やぐち あらた）

豪州メルボルン大学卒。日米欧の大手金融機関の為替、債券のディーラー、機関投資家セールスとして東京、ロンドン、ニューヨークの三大市場に勤める。現在、株式会社ディーラーズ・ウェブの社長兼ファンド・マネジャーとして、資本金を株式市場などで運用。JTI（Japan Trading Intelligence）代表。主な著書に『生き残りのディーリング』『値上がる株に投資しろ！』『矢口新の相場力アップドリル 為替編』『矢口新の相場力アップドリル 株式編』（パンローリング）『株を極める！リスク管理･資金運用』（日本実業出版社）などがある。

http://www.j-ti.com/

http://www.geocities.com/dealers_web/

作画：てらおか みちお

1948年9月20日生まれ。O型。ソニー株式会社宣伝部にグラフィックデザイナーとして10年間勤務。退社後､漫画原稿の持ち込みを始める。主な作品は『アミ in Tokio』（双葉社）『少年野球』（監修：王貞治、集英社）『MAKIKO』（原作：工藤かずや、リイド社）『あいつの四季報』（秋田書店）『ポッキンルージュ』（竹書房）『ビンカン･うさぎ･ロード』（ぶんか社）など多数。近著に『マンガ 信用取引入門の入門』『マンガ 不動産投資入門の入門』（パンローリング）がある。趣味はジャズ。

2006年3月2日 初版第1刷発行

ウィザードコミックス㉓

マンガ　生き残りの株入門の入門

あなたは投資家？ 投機家？

原　作　　矢口新
作　画　　てらおかみちお
発行者　　後藤康徳
発行所　　パンローリング株式会社
　　　　　〒160-0023　東京都新宿区西新宿7-21-3-1001
　　　　　TEL 03-5386-7391　FAX 03-5386-7393
　　　　　http://www.panrolling.com/
　　　　　E-mail　info@panrolling.com
編　集　　蔦林幸子
装　丁　　大橋幸二
印刷・製本　株式会社シナノ

ISBN4-7759-3027-3　PH8

割安・バリュー株からブレンド投資まで株式投資の王道を学ぶ！

バフェットからの手紙

ローレンス・A・カニンガム

究極・最強のバフェット本――この１冊でバフェットのすべてがわかる。投資に値する会社こそ生き残る！

定価1,680円（税込）

賢明なる投資家

ベンジャミン・グレアム著

割安株の見つけ方とバリュー投資を成功させる方法。市場低迷の時期こそ、威力を発揮する「バリュー投資のバイブル」

定価3,990円（税込）

新賢明なる投資家　上巻・下巻

ベンジャミン・グレアム、ジェイソン・ツバイク著

時代を超えたグレアムの英知が今、よみがえる！
これは「バリュー投資」の教科書だ！

定価各3,990円（税込）

証券分析【1934年版】

ベンジャミン・グレアム&デビッド・L・ドッド著

「不朽の傑作」ついに完全邦訳!本書のメッセージは今でも新鮮でまったく輝きを失っていない！

定価10,290円（税込）

最高経営責任者バフェット

ロバート・P・マイルズ著

あなたも「世界最高のボス」になれる。バークシャー・ハサウェイ大成功の秘密――「無干渉経営方式」とは？

定価2,940円（税込）

賢明なる投資家【財務諸表編】

ベンジャミン・グレアム&スペンサー・B・メレディス著

ベア・マーケットでの最強かつ基本的な手引き書であり、「賢明なる投資家」になるための必読書！

定価3,990円（税込）

なぜ利益を上げている企業への投資が失敗するのか

ヒューエット・ハイゼルマン・ジュニア著

定価2,520円（税込）

投資家のための粉飾決算入門

チャールズ・W・マルフォード著

「第二のエンロン」の株を持っていませんか?
株式ファンダメンタル分析に必携の

定価6,090円（税込）

バイアウト

リック・リッカートセン著

もし会社を買収したいと考えたことがあるなら、本書からMBOを成功させるための必要なノウハウを得られるはずだ!

定価6,090円（税込）

株の天才たち

ニッキー・ロス著

世界で最も偉大な５人の伝説的ヒーローが伝授する投資成功戦略！　賢人たちの投資モデル[改題・改装版]

定価1,890円（税込）
